All Voices from the Island

島嶼湧現的聲音

離·返·留·守

追尋一九六〇—七〇年代沖繩的臺灣女工

邱琡雯——著

a national of the Republic of China, going
RYUKYUS (LEAVING BLANK)

and afford assistance and protection in case
necessity.

FOR THE MINISTER
AND BY AUTHORIZATION
CHANG PING
CHIEF, PASSPORT SECTION

Issued at TAIPEI on FEB. 1 0 1968

Valid Until OCT. 1 0 1968

目次

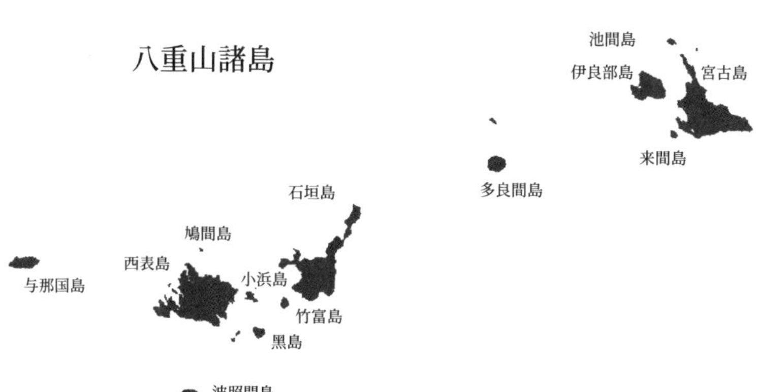

八重山諸島與宮古列島

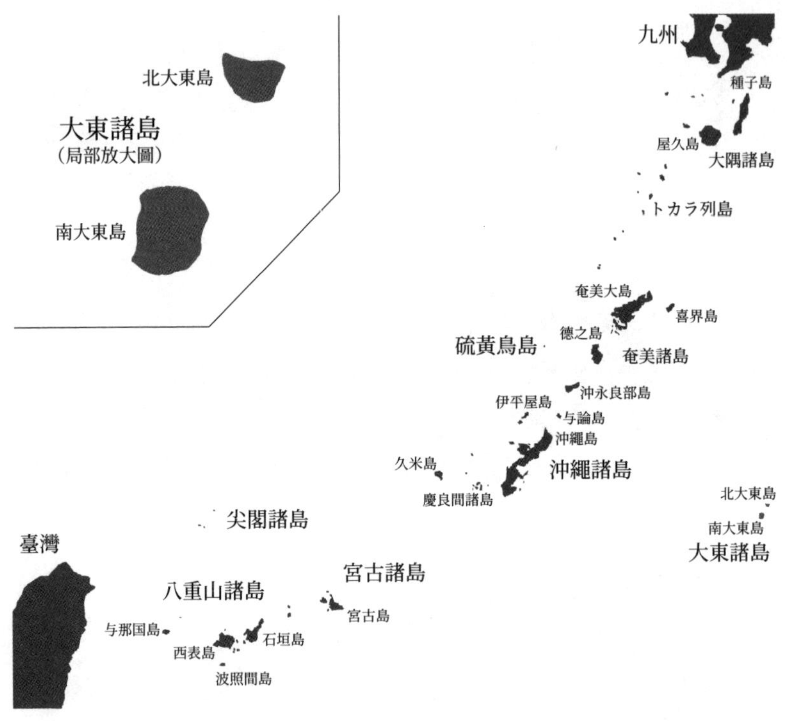
北大東島
大東諸島
（局部放大圖）
南大東島
九州
種子島
屋久島
大隅諸島
トカラ列島
奄美大島
喜界島
德之島
硫黃鳥島
奄美諸島
沖永良部島
伊平屋島
与論島
沖繩島
久米島
沖繩諸島
慶良間諸島
北大東島
南大東島
大東諸島
尖閣諸島
臺灣
宮古諸島
八重山諸島
宮古島
与那国島
石垣島
西表島
波照間島

南大東島位置圖

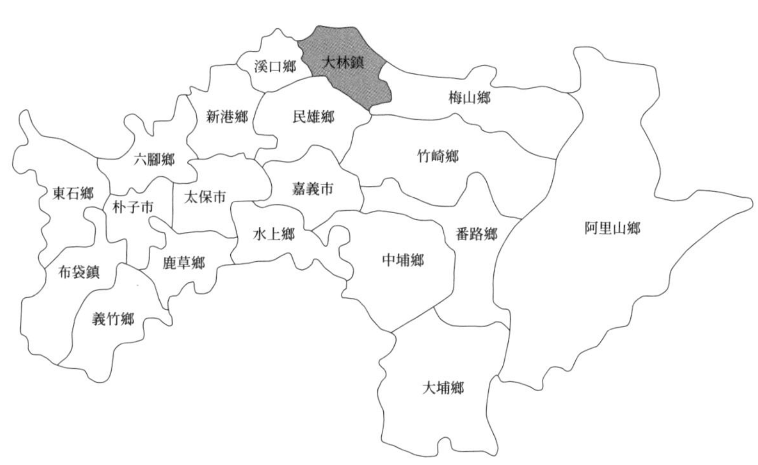
溪口鄉
大林鎮
梅山鄉
新港鄉
民雄鄉
六腳鄉
竹崎鄉
東石鄉
太保市
嘉義市
朴子市
水上鄉
番路鄉
阿里山鄉
鹿草鄉
中埔鄉
布袋鎮
義竹鄉
大埔鄉

嘉義縣全圖

三角里
湖北里
三村里
溝背里
義和里
大糖里
內林里
排路里
過溪里
明和里
西結里
東林里
西林里
三和里
吉林里
明華里
大美里
中林里
平林里
上林里
中坑里

大林鎮全圖

【作者序】

上天給予的禮物與使命

《離．返．留．守：追尋一九六〇—七〇年代沖繩的臺灣女工》是上天給我的使命，也是禮物。

它是一個使命，老天找到我做為寫手，來記錄這段被遺忘的歷史，我感覺自己像是被揀選出來的，冥冥之中有人指引、有人帶路。南華大學位於嘉義大林，終年風和日麗，放眼望去四處綿延的甘蔗園和鳳梨田，讓人不禁連想到沖繩的地景；我從事「性別與移動」研究多年，累積的經驗和敏感度讓我對於一九六〇到七〇年代農村女性「從偏鄉到離島的季節性遷徙」充滿好奇，進而傾聽、梳理當事人的證言，花費十四年的時光，終於完成這項被指派的任務。

當然，它也是一個厚重的禮物，透過這個追尋，我順理成章地開展一段未知而義無反顧的旅程，連結我個人的原生家庭、穿越臺沖時空、打破研究格局、開拓人生視野。過程中也有險象環生或吃閉門羹的時候，我學會勇敢面對努力超越。

我和書中所有出場的人物一樣，都只是過客，但相信本書的問世，為自己、為大林、也為南大東島，留下了珍貴的歷史見證，因為書寫別人，其實就是書寫我自己。

第一章

緣起

臺灣，曾經是一個送出女性移工的地方，那麼，是在什麼樣的社會結構底下造成了這個現象，身處其中的她們，主體性又是什麼？這是本研究的起點。我想叩問的是：女性如何看待移動、移動加諸給女性的意義到底為何、女性為什麼要移動、女性透過移動想追尋什麼、又想擺脫什麼？

近三十年來，臺灣已成為東南亞外勞和外傭的重要接受國，但歷史上，臺灣也曾是一個女性移工的送出國，這段歷史可能已被遺忘或不願面對。至少有幾個現象是存在過的，到日本賣春或做特種營業的臺灣女子是一例，此現象至今仍存在，楊力州的兩部紀錄片《漂浪之女》（二〇〇二）和《新宿驛，東口以東》（二〇〇三），均探討臺灣女子在日本打工的辛酸故事；戰後初期有不少臺灣女性單身或攜眷到日本高級華人家裡幫傭，張毅的電影《我這樣過了一生》（一九八五）有些許描繪；一九七〇年代有護士到西德醫院當契約工，之後的一九八〇年代也有醫護人員到沙烏地阿拉伯或中東地區工作。

吳清桂，鄭自才（一九七〇年四月在美國行刺蔣經國未遂的人物）的第二任妻子，當年女性護理人員到海外工作潮流中的一人，我在偶然的機緣下，於二〇〇二年八月九日訪談了她。護校畢業後，吳就隻身到臺北做護士，遇到神父或牧師來醫院詢問是否有意出國工作，毋須任何考試，已有護士資格者可馬上勝任，當時並沒有所謂的商業仲介，她信任神職人員不會欺騙小老百姓。吳回憶說，周遭的許多護士都躍躍欲試想要出去，西德是臺灣人眼中的先進國家，醫療體系健全，重要的是，一九七〇年代初期的臺灣，普通人要出國是極為困難的事，有機會誰都想出去看看。但當她到達西德後有點感覺被騙，本來答應給半年時間先去學校讀德文，抵達後的第二天就被派到醫院工作，後來才有人到醫院來教她們德文。她在西德鄉村的基督教醫院碰到菲律賓、韓國的護士，以及來自土耳其、南斯拉夫、希臘的清潔工。吳的工作契約只有三年，快要到期時，她面臨了人生的重要抉擇：回臺灣嗎？用什方式、名義留下來？和留學生或德國人結婚？要不要換家醫院？她很自信地強調，人生最自主、最充實的就是婚前於西德工作的這段時光，因為：「我有工作、有收入、經濟自主、思想開放（開始接觸臺灣同鄉會的活動，政治意識逐漸啟蒙）……」這段午後的簡短訪談一直深深地烙印在我的腦海，「到先進國家工作」似乎是當年從事護理工作的臺灣女性向上流動的一個選項，也因這趟跨國移動的經驗，大大擴展了吳日後的人生格局：**空間上**她從臺灣、西德、瑞典、輾轉到加拿大再返臺；**角色上**則從護士、人母、政治受難英雄之妻變成國大代表。

吳清桂的移動經驗耐人尋味，當年的時空條件加上個人的資質勇氣，她順勢改寫了自己的人生劇本。四年後，我在純樸的嘉義大林碰到村婦玉蟬時，另一股臺灣農村女性跨海移動的浪潮更引發了我的好奇。本研究的直接緣起，要追溯到二〇〇六年三月的早春清晨，筆者在南華校園運動時，碰到一位七十幾歲的村婦玉蟬，閒聊中初聞，她曾在四十年前到沖繩做季節性移工[1]，而且還是賺美金回來的，當下令我感到些許震驚。南華大學位於嘉義縣最北的大林鎮，後來也陸續從不少老鎮民口中得知，一九六〇至七〇年代這段期間，確實有不少已婚、未婚女性到沖繩打工。從此，「大林與沖繩兩地是如何連接起來的？」這個疑問，開始在腦海中盤旋。同時，基於從事女性與移動研究的直覺反應，我對於這位**目不識丁的村婦，為何及如何漂洋過海到外地工作、賺錢**充滿好奇，到底，是什麼樣的條件支持她得以向外移出？存在了什麼樣個人、夫家、在地社會的特殊背景？透過這種跨國移動，她有可能和吳清桂一樣，擴展或改變日後的人生格局嗎？

於是，我開始著手大林女工的訪談，但過程中仍不免懷疑，這是否只是嘉義大林的獨特現象？所以慢慢想去確認一件事：一九六〇至七〇年代臺灣的其他地方，是否也有農村女性跨海到沖繩工作？逐漸的，透過臺沖雙方報章雜誌的檢索搜尋，發現到西部農村甚至花蓮都存在過這樣的現象，這讓我更加明確研究的推論範圍，不會只有嘉義大林值得深入挖掘。特別是彰化縣，既是鳳梨產地又有鳳罐工廠，當地女工因此成為沖繩鳳罐工廠極重要的人力補充來源。這可從當年應聘女工的兩則報導中窺知：

省罐頭公會為順利完成外銷鳳梨罐頭計劃生產，特於昨（十七）日建議外貿會及省建設廳不予核准鳳梨工廠女工赴琉球工作。該會頃據告：二月初已有人在**南投縣及彰化縣**一帶為琉球鳳梨罐頭工廠招募鳳梨工人，**報名者已將近千人**，最近將在該兩地舉行技術考選，因此，該會特建議外貿會暨建設廳，迅予制止鳳梨工人赴琉工作。（引文黑體為作者所加，全書同）

——〈鳳罐廠建議當局 禁女工赴琉工作〉，《聯合報》一九六七年二月十八日，第五版

彰化縣田中區鳳梨製罐女工，又一批將應聘赴琉球。由於田中地區係中部鳳梨盛產地，因此女工製罐技術出眾，頗為國內外人士所賞識，此次**田中二水、社頭一帶**，又將有**技術熟練女工約二百名**，日內應琉球鳳梨製罐組合之聘，赴那霸市工作。

——〈鳳罐女工一批日內赴琉工作〉，《經濟日報》一九六七年七月一日，第四版

為了更精確掌握一九六〇至七〇年代這群農村女性跨海遷徙的時空脈絡，我從臺沖人口移動相關論述、沖繩的缺工與補工、中琉文化經濟協會主導的移工派遣這三點來加以說明。

臺沖人口移動相關論述

首先，是陸續整理臺沖人口移動的相關論述，試圖找到女工的定位，打開沖繩與臺灣之間的人口移動史，這涉及了兩地移出、移入、返回移民（工）、來來去去等多種狀況的交錯，臺日雙方許多先行研究反映這些移動的歷史軌跡。**從沖繩移往臺灣**這方來看，幾乎都環繞日本殖民臺灣（一八九五—一九四五年）的時期，日方的成果遠遠多於臺灣。星名宏修（二〇〇三）透過沖繩人的回顧，描寫沖繩人在臺灣的生活體驗，指出臺灣的沖繩人雖然法律地位比照內地人（日本人），社會階層也有獲得提升的機會，但大多是勞動者，教育程度不高，往往還會被臺灣人歧視，甚至被視為「內地生番」。朱惠足（二〇〇七）以沖繩西南邊陲的八重山諸島為例[2]，透過當地人在八重山與臺灣之間的離返經驗，探討移植到臺灣的「日本」與「近代化」等特質，如何隨著返回移民的牽引，帶給八重山發展一定的影響。又吉盛清（一九九〇）、水田憲治（二〇〇三）、金戸戸幸子（二〇〇七、二〇〇八、二〇一〇）、松田弘子（松田ヒロ子，二〇〇八）均提到一九三〇年代前後，八重山的女性到臺灣工作及返鄉後的經驗。臺灣因為被日本殖民，有如湯尼・白露（Tani E. Barlow [ed.]，一九九七）所詮釋的那般，接受了殖民近代化（colonial modernity）的洗禮，這些跨海移動的女性，把當時的臺北想像成第二個東京，對臺北都會投以高度的好奇與期待，「去臺灣工作」

成了她們提高就業機會、自我向上流動的一大選擇；返鄉之後，她們把在臺灣習得的技術、經驗與能力，發揮在職場及家庭，對於八重山的近代化及戰後初期島嶼的重建都有一定的貢獻。臺灣在二戰末期成了一萬多名沖繩人躲避空襲的所在，松田良孝（二〇一〇）《疏散到臺灣：「琉球難民」的一年十一個月》記錄了二次大戰結束前夕八重山人到臺灣躲空襲的珍貴歷史，訪談不同性別、世代的八重山人來臺躲空襲到返國後的歷程，也帶領讀者重返他們在新營、龍潭、南方澳等接受沖繩疏散者的實地場景，透過豐厚的史料重現當年軍方、政府、民間的動向和支援，針對戰事升高空襲益發激烈、瘧疾災情嚴重、疏散者死亡率攀升、戰後行政機能的停擺與啟動等過程，都有詳盡地說明，本書不僅是戰爭時代的人口遷徙史，也是庶民的個人史、社會史。[3]凸顯臺沖兩地人口來來去去、交流互動的是松田良孝（二〇一三）《被國境撕裂的人們：與那國臺灣往來記》，透過綿密細緻的走訪與報導，描繪臺灣東部和一百一十一公里外海的與那國島曾經擁有的共同生活圈，兩地在十九世紀末至二十世紀中葉之間往來密切，交流各自技術和物產。十九世紀末年，日本先後將琉球群島及臺灣納入日本帝國的疆域，改變了兩地的生活方式，在當時的與那國人眼中，臺灣是教他們「日本化」的導師，幾乎所有的「日本要素」都是透過臺灣再轉手傳入與那國。交流是雙向的，臺灣也向與那國人學習，基隆社寮島、宜蘭南方澳、臺東金樽港和成功鎮興盛的漁撈產業由與那國漁人一手打造，在北風捲起的滔天巨浪中，追捕旗魚的「突棒船」漁法也是與那國人傳入臺灣的。

無庸置疑的，和本書最有關連的是**從臺灣移往沖繩**的這個面向，日方的成果顯然還是比臺灣豐富。主要特色有四點：研究地：以八重山諸島中的石垣島為主；研究時序：以戰前移入該地的臺灣移民為主；研究方法：從移動者的角度出發，透過口述生活史來收集資料；研究對象：目前定居或歸化在該地的臺灣移民及其後代，這可能是研究上的「方便」，從接待社會的角度就近審視移民、也審視自己。

小熊誠（一九八九）的研究時序是戰前的昭和初期到一九七二年沖繩歸還日本，採口述生活史的方法，整理出依八種不同路徑、時間進入石垣島的臺灣移民，在當地的定居過程、民族認同、族群邊界（ethnic boundary）的維持與否和樣態方式，包括歸化、飲食、語言、掃墓、拜土地公、通婚、華僑會、改日本姓等。野入直美（二〇〇〇、二〇〇一）記錄戰前到一九七二年石垣島上的臺灣人，從口述生活史來看「臺灣－石垣島－沖繩－日本」之間充滿位階差序的族群關係，受訪者有戰前移住石垣島的農業移民第二代、後來協助石垣島當地企業於一九六〇年代引進臺灣女工的仲介商、有戰後移住者、一九六〇年代同丈夫一起到石垣島做農業移工並選擇定居下來的人。水田憲志（二〇〇八）研究石垣島名藏、嵩田兩地的臺灣移民，從一九三〇年代到戰後初期，隨著臺灣農業移民的進入，帶來鳳梨栽培技術，引進燒耕開墾和水牛來耕作，和當地居民產生對立。清楚鎖定一九六〇至七〇年代八重山群島鳳罐產業臺灣女工的，是石垣島出身臺灣移民第二代的國永美智子（国永美智子，二〇一一），探究戰後八重山鳳梨產業的發展與臺灣女工的關連，聚焦女工在當地的人際關係、具體生活及勞動實況，訪談了留下來的臺灣女工、殖民時期來臺灣工作或躲空襲的八重山人、當地女工、鳳罐工廠內管理臺灣女工的當地人、生於殖民時代後來移居八重山的第一、二代臺灣移民等，該文藉由不同報導人的多重視角，還原鳳罐女工在島上的身影，雖然受訪的女工只有三位，卻是把人類學全貌觀運用在一九六〇至七〇年代八重山群島臺灣鳳罐女工這個時空背景的嶄新成果。還有幾本日文專書都提到八重山的臺灣移民，松田良孝（二〇〇四）《八重山的臺灣人》記錄了從臺灣到八重山諸島移動、生活、定居的臺灣人，處於日本殖民時代的臺灣和八重山諸島之間並沒有所謂的國界，兩地同屬日本，戰前來到八重山的臺灣人主要分成兩類：一是昭和初期來到石垣島名藏的農業移民，大多選擇定居下來；另一是大正時代來到西表炭坑的礦工，大多返回臺灣。松田著眼定居於八重山的臺灣人之認同問題，一八九五年臺灣人從中國籍改成日本籍，強迫成為日本國民；一九四五年日本國籍被剝奪，在八重山被當成外國人；一九七二年沖繩歸還日本，國籍問題再次浮現，被迫選擇是否要當日本人。此外，古川純（二〇一五）《八重山的社會與文化》、國永美智子等五人共著（二〇一二）《在石垣島遇見臺灣：另類沖繩導覽》、三木健（二〇一〇）《八重山合眾國的系譜》專書的部分章節，都有提及臺灣移民及其後代的處境。

臺灣方面的成果不多，黃蘭翔（二〇〇二）探討殖民時期臺灣人在石垣島的移墾與融入；曹永和（一九八九）、陳憲明（二〇〇六）提及殖民時期的一九三〇年代臺灣人（王能通和林發）移居石垣島的過程及定居情形；簡瑞宏（一九八九）記錄介紹石垣島的中華文化，包括移民的信仰、改姓、唐人墓、家屋建築、飲食文化等；吳俐君（二〇一二）以成立於一九七一年的琉球華僑總會原始會員（男性為主）為對象，研究一九五〇至七〇年代從臺灣遷徙至沖繩本島的移民生活史，分析移出動機目的及來沖後的發展、適應與認同。除了吳俐君是日文書寫、訪談第一代當事者、以沖繩本島而非離島（石垣島）為研究地、聚焦在戰後外，其餘幾篇多以二手文獻的引用為主，空間上鎖定離島，時序限於戰前，對象是從臺灣遷至該地的移民及其後代。

影像成果也值得注意，日本方面《石垣島的老陳及其他人：石垣島・西表島的臺灣人》（石垣島の陳さんたち：石垣島・西表島の台湾出身者たち，一九七九年五月十九日播出，ＮＨＫ），記錄無國籍、盲眼、孤苦無依的臺灣人老陳，殖民時代到西表島當礦工，戰後被無情的歷史翻弄，走入坎坷悲慘的餘生。還有老陳周圍的臺灣人，也都是戰前就來石垣島打拚，他們為了生存選擇歸化日本籍，努力奔走。《臺灣蔥故鄉味：沖繩縣石垣島》（台湾ねぎはふるさとの味：沖縄県石垣島，一九九六年十月十九日播出，NHK福岡放送局）是以石垣島的一個臺灣移民家庭曾根（歸化後的姓氏）為主軸，描繪父母親和子女各自的生活步調和淡淡的日常憂愁。紀錄片《遙遠的鳳梨山：八重山．沖繩鳳梨渡海而來的故事》（はるかなるオンライ山　八重山．沖縄パイン渡来記，二〇一五年，シネマ沖縄）以林發為中心，描繪臺灣人如何帶動石垣島的鳳梨產業。鳳梨已是當今沖繩最著名的作物，卻是戰前由臺灣人林發及其夥伴帶到石垣島種植，當時他們具備先進的栽種及經營技術，給石垣島的鳳罐產業帶來生機。但移民也面臨許多苦難，片中很多當事人現身說出苦難的經驗，因語言不通被火燒攻擊、在學校被無辜霸凌，但他們的口氣開朗平穩，顯示在逆境中前行的勇氣；第二代第三代也積極從事臺沖文化交流，兩個文化時而衝突時而合作，孕育出一個更偉大的夢想，苦難卻也充滿希望。

臺灣方面的代表作品是《海的彼端》，描述日本殖民時代臺灣的一個家族玉木（歸化後的姓氏）移居石垣島以及近年回臺省親的故事，入圍二〇一六年臺北電影節臺北電影獎最佳紀錄片，是臺灣第一部關於八重山移民的紀錄片，傳達被歷史遺忘的邊陲島嶼和移民的流離認同，可說是一齣橫跨八十年大東亞苦難歷史的滄桑家庭紀錄片。導演以冷靜、日常、平實的手法，表達移民認命而不認輸的心境，移民第一代到第三代的認同本就不同，遠近親疏因人而異，他們各自有要應付的課題及處理的方式，而這也是一般人真實生命中都要面對的，讓人感受到認同這個永恆課題的不變性。

綜觀上述，本書的定位及特色何在？至少有以下四點。一、**研究時序**：不再是戰前的殖民時代或僅止於沖繩歸還日本的一九七二年，而是針對一九六〇至七〇年代，甚至晚到一九八〇年代初臺灣人以觀光簽證非法打工的時期。二、**調查地**：不是沖繩本島，也不是最接近臺灣、與臺灣往來頻繁的八重山諸島，而是鮮為臺灣人所知、位於沖繩本島以東三百九十二公里外的海上孤島——南大東島。原因有二，南大東島在一九六六至一九七二年期間，聘僱了很多臺灣工人（女工為主）去砍甘蔗；我在嘉義大林訪談到的多位高齡女工，都是在當時透過仲介、親友或是鄰里熟人的口耳相傳，前往南大東島當砍蔗工，所以我也依尋這些女工的足跡，實地前往該地一看究竟。三、**研究方法**：不只仰賴引用文獻資料，還加入南大東島的蔗農及島民提供的珍貴老照片，並透過訪談送出地、接受地兩方相關當事人的口述內容，去還原這段被多數人遺忘的歷史。四、**研究對象**：不再聚焦於定居或歸化沖繩的臺灣移民及其後代，而是側重臺灣農村短期遷徙的季節性返回女工。換言之，本研究期盼能彌補移出、移入、來來去去等人口遷徙的多種狀況中返回移工研究的空白，同時，也彌補臺沖人口移動相關論述中臺灣人研究成果的不足，希望能為臺灣戰後人口遷徙史、勞動史、地方史、庶民女性史、農村家庭史等領域研究，貢獻棉薄之力。

沖繩的缺工與補工

首先，從接受地沖繩的缺工情況來看，二次大戰結束後的沖繩不僅從臺灣，也從菲律賓、韓國、印度引進所謂的外勞，在美軍基地、甘蔗園、製糖廠、鳳罐工廠、伐木場、建築工地工作。引進外勞並非完全沒有限制，美國管轄期間（一九五〇—一九七二年），是以「琉球列島美國民政府」（United States Civil Administration of the Ryukyu Islands）的立場加以認可，隨著一九六五年九月《非琉球人雇用相關規則》（非琉球人の雇用に関する規則）的施行，改由沖繩人民自治機構「琉球政府勞動局」負責統轄沖繩以外地區的勞工引進。一九七二年五月沖繩回歸日本之後的五年內，也就是直到一九七七年，仍依據一九七一年十二月底公布的《沖繩回歸特別措施》（沖縄の復帰に伴う特別措置法）繼續引進外勞。與本書最有關連的是在甘蔗園、製糖廠、鳳罐工廠工作的外勞，從缺工到補工，我先說明為什麼沖繩缺乏這些工人，也就是造成缺工現象的原因到底為何。

外村大、羅京洙（二〇〇九）研究一九七二至一九七七年期間沖繩的短期季節性韓國外勞，他們認為外勞會在此出現，與其**工作性質及勞力市場的供需狀況**有密切的關連，這兩點同樣也是造成臺灣移工出現的主因。以工作性質來說，甘蔗和鳳梨這兩種作物都無法長期保存，無論採收或加工都需要投入大量勞力，砍蔗工作乃極需體力、耐力的重度勞動，鳳罐工廠的薪資又非常低廉，這些工作幾乎很難找到當地人願意從事。之前大多從農村人口中調度。然而，隨著工業化、都市化以及商業化的發展，「離農」現象開始出現，許多農村人口紛紛前往薪資較高的沖繩本島或日本本島工作賺錢。昭和四〇（一九六五）年左右的日本，正是所謂昭和元祿的時代，也就是昭和經濟發展的全盛時期，對外貿易不斷擴大，國內各項大型建設紛紛展開，是工業生產擴張的黃金年代。大阪萬國博覽會的基礎建設，迎接自用車時代來臨而興建東名、名神高速公路，以及民間各地的住宅建築等工事，都大量吸收了來自全國各地農村的勞動力，其中也包括沖繩本島和離島的勞動人口。那時沖繩的本土產業不甚發達，就業機會有限，只有甘蔗和鳳罐兩大產業，鳳罐工廠通常是在沖繩本島北部或石垣島等栽種鳳梨的農業地帶，甘蔗園或製糖廠則位於南北大東島等離島或本島交通不便的偏僻地區，在地利條件不佳的因素下，這些產業已無法留住農村人力，更遑論吸引其他地區或都市人口來此工作。

在此，先說明糖廠缺工的狀況以及補工的措施。根據當時沖繩知名的製糖公司「第一製糖株式會社」社史《第一製糖株式會社二十週年記念誌》（一九八〇）的資料，一九六五年製糖期間還出現不少即將失業的人，很多人自己跑來糖廠求職；但到了隔年，製糖廠卻面臨連短期季節工都招不到的窘境，勉強找來的臨時工素質低落參差不齊，已然影響到製糖期間的廠務運作。因此，第一製糖株式會社社長決定，直接向琉球政府行政主席陳請，希望准許開放臺灣勞工前來。以下是社長在昭和四十三（一九六八）年五月三十一日所寫「關於製糖廠僱用非琉球人季節工」的書信大要：

本社之前遭逢前所未有的勞工短缺，面臨慢性的勞力不足，多次被迫歇業，即便如此還是苦撐下來了。製糖業人手不足的原因，不僅出在本地勞動人口總數不足，也與製糖期間過短、製糖業屬季節性工作等特質相關。製糖廠的臨時工人，通常等製糖期間一過又成了失業者，或得再轉到其他職場去當臨時工。這對深受貿易自由化以及國際糖價影響、並高度要求合理化經營的製糖業來說，是個非常嚴肅的問題。可以預見，明年製糖期間勞力不足的現象只會更加嚴重，因此，個人由衷地懇請，**准予本社從臺灣引進具有經驗的製糖工人，以確保製糖期間的勞力無缺無誤**，同時，本社也將盡力維持本地季節工人的水準，並提高其勞動意願，敬請查照。

該陳請書中明白指出，造成製糖業缺工問題嚴重的原因，除了沖繩當地勞動人口不足外，還加上製糖業「短期的、季節性的、臨時的」勞動特質使然，這些都使得招工困難重重，於是，引進臺灣移工成了不得不的替代方案。本章的【附錄一】是一九六六至一九七二年期間，沖繩地區重要製糖廠引進臺灣移工人數一覽，移工有男有女，勞動內容分成兩類，製糖廠的廠內勞務和蔗園的砍蔗勞務，男工是廠內勞務，女工則多集中在砍蔗勞務，其中，大東糖業砍蔗勞務引進的女工人數最多，這群人正是本書探討的主要對象。

其次，再來看看鳳罐產業缺工及補工的狀況。以八重山地區為例，因太平洋戰爭而中斷的鳳罐產業，到了一九五〇年代初期重新啟動，一九六〇年代更是蓬勃發展，主要奠基於兩大政策的推動：一是當時的日本政府對於琉球地區鳳梨罐頭輸入日本本島所採取的優惠措施、一是一九六〇年九月琉球政府（Government of the Ryukyu Islands：一九五二至一九七二年美國統治當今沖繩縣時設置的政府機構）公布《鳳梨振興法》（パインアップル產業振興法）進行的保護措施（水田憲志二〇一一），一九六〇至一九七〇年代全盛時期八重山的鳳罐產業及工廠如左表所列，幾乎都在石垣島的石垣市設廠。然而，從一九六〇年代開始，由

八重山諸島鳳罐產業全盛期工廠一覽（1966 年末）

工場名	所在地	代表者名	投資會社	設立年月
琉球殖産石垣工場	石垣市新川	宮城仁四郎	大日本製糖	1955 年 6 月
琉球殖産大浜工場	石垣市大浜			1958 年 6 月
沖縄缶詰	石垣市大川	浦崎栄一	三井物産	1957 年 3 月
南琉産業	石垣市新川	松坂 賢	日冷、東食	1957 年 6 月
山晃産業	石垣市真栄里	山田義晃		1959 年 6 月
八重山食品	石垣市大浜	竹野寛才	明治商事	1956 年 2 月
宮原食品	石垣市宮良	渡辺喜弘	東食	1960 年 12 月
琉球農産加工	石垣市宮良	砂川恵孝	丸紅飯田	1958 年 5 月
琉球産業	竹富町大富	原田祐三	大洋漁業、東京ロータリー	1957 年 9 月
西表物産	竹富町上原	古見純盛		1960 年 10 月

作者製表
資料來源：琉球政府八重山地方（1967）『八重山要覧』，引自水田憲志（2011）。

八重山移往日本本島的就業人數就逐年增加，依「八重山公共職業安定所」發表的《八重山勞力市場現況報告》，八重山的求職者及求人者其實都不少，但是供需雙方的勞動條件無法吻合，年輕人大多嚮往到日本本島去就業[4]，使得當地鳳罐產業面臨棘手的缺工問題，在鳳梨採收及鳳罐作業的農忙時節，業者得不斷釋出獎勵出工、補工的各種利多消息。

一九六八年八月底適逢鳳梨採收旺季，鳳罐業者害怕果肉腐敗滯貨，為了確保女工在廠線上順利作業，首次祭出「精勤賞」的獎勵，發給五天全勤工人每人美金一塊錢。[5]到了九月初又因颱風逼近，各地鳳梨田提早強行採收，使得人手不足問題再度浮現，仍必須尋找當地女工人手，因此，連那些平日並非從事鳳梨採收或鳳罐產業的人，包括：學校親師會的會員、婦人會的婦女、區公所女職員、商店街銀座通的女會員等都被動員。[6]又如一九七〇年十月初的採收時節，因九月底以來的連日陰雨，使得鳳梨早熟滯貨量大增，不少果肉腐爛發臭，鳳罐業者只好忍痛丟棄，損失慘重，加上人手不足缺工嚴重，業者不時用宣傳車巡迴大街小巷，呼籲婦女出來打工協助。甚至連未滿十五歲的中小學生，晚上都被找去鳳罐工廠加班，有人還因此斷指受傷，「八重山勞動基準監督署」對這些鳳罐業者提出警告，可能因不當僱用童工違反勞基法而受罰。

由上可以窺見，**離島勞動力不足的窘境**，以及業者為了填補勞動力不足所做的努力，但仰賴當地勞動力顯然已經不夠，於是招募其他離島女工甚至臺灣女工，成了不得不的替代方案。早在一九六二年沖繩便以「技術導入」之名，招募臺灣農業技術人員前來指導鳳梨栽培及果樹接枝等技法，同時，臺灣和琉球政府之間也有簽約，允許每年引進約兩千名的農業技術人員及季節性移工，前往沖繩協助鳳梨採收和鳳罐加工。鳳罐業者考慮從臺灣引進勞工主因是，臺灣工人技術精良、任勞任怨的勤奮態度、薪資比本地工人低廉，臺灣女工的到來確實讓當地果農及鳳罐業者「大大鬆了一口氣」[7]，但臺灣女工仍無法填補八重山所有缺工的黑洞，業者還是得向沖繩其他離島招募人力，甚至包括那些已經在沖繩本島或其他離島工作的臺灣女工。

一九六八年鳳梨採收旺季的八月下旬到九月上旬期間，「八重山公共職業安定所」再次向宮古島的市町村長們求援，希望派遣女工前來協助，但反應並不熱絡。宮古島的女工大多選擇前往沖繩本島工作，該年沖繩本島和八重山鳳罐工廠的作業期幾乎重疊，她們寧願前往充滿活力的沖繩本島，也不想來到偏遠的八重山，加上該地鳳罐工廠的薪資不多，工作天數也不長，跨海來此一趟並不划算。[8]沖繩其他離島的人不願來八重山，鳳罐業者為了趕緊補工，只好調度已經在沖繩本島或其他離島的臺灣女工來協助。一九六八年十月中旬正逢鳳梨採收的第二旺季，借調了沖繩本島十二座鳳罐工廠的臺灣女工三百五十名，讓她們回到石垣島來工作。[9]又如，一九六九年當年在臺召募鳳罐女工並不順遂，離島女工的調度也不如預期，六月中旬「沖繩輸出鳳梨罐頭公會」決議，借調離島南大東島上的臺灣砍蔗女工一百三十三名，讓她們結束砍蔗後繼續輾轉到石垣島的鳳罐工廠。[10]

從上面的描述可以清楚看到，臺灣女工是鳳罐產業非常重要之「替代性的勞動者」，和沖繩其他離島（宮古島）的工人共同填補了當地勞工不足的缺口，背後的原因是「日本本島→沖繩本島→沖繩離島→臺灣」**四地薪資的高低落差**，造成「臺灣→沖繩離島→沖繩本島→日本本島」**四地人**

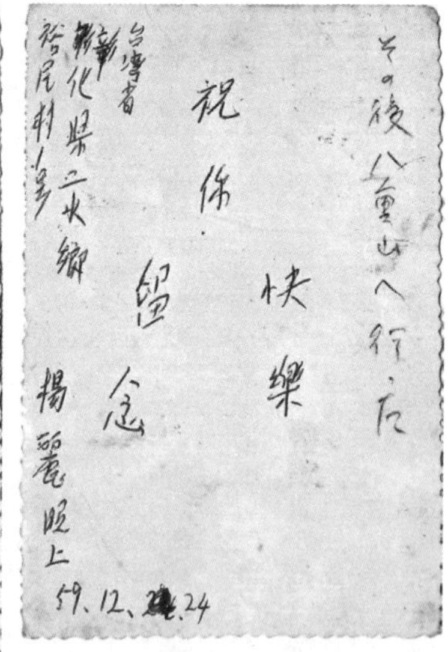

楊麗昭是玉那霸家中僱用的臺灣女工，在南大東砍完甘蔗後又轉到八重山鳳罐工廠。（玉那霸富士子提供）

口移動的趨向，女工的到來，被當地鳳罐業者引頸期盼，她們的出現，更說明了離島經濟發展不得不仰賴外籍勞工的無奈。

中琉文化經濟協會主導的移工派遣

除了沖繩缺工與補工的情況外，送出地臺灣方面的條件也必須說明。當時臺灣具備了諸多有利女工移出的推力因素，包括：臺沖兩地位置鄰近、戰前兩地人口往來頻繁的歷史背景（這已充分反應在臺沖人口移動相關論述）、臺灣擁有鳳梨甘蔗產業純熟技術經驗之勞工、中琉文化經濟協會的主導，這些因素的加總，使得臺灣女工成了沖繩當地極為重要、炙手可熱的外勞來源。

一九六〇年代中期至一九七二年琉球歸還日本、臺日斷交為止，中琉文化經濟協會相當程度主導了臺沖之間移工派遣的業務。中琉文化經濟協會成立的歷史背景，反映了蔣介石對琉球地位歸屬的認知以及冷戰體制下臺灣的處境，蔣氏勾勒了兩個藍圖：一是希望琉球在中美共同信託管理下，琉球居民公投表示願意歸屬國民政府；二是琉球政府與國民政府加強聯繫，維持其自主的地位。國共內戰失利國民政府遷臺後，這兩種藍圖的可行性幾近幻影，但國民政府卻仍堅持其立場，美國於一九五三年八月決定將奄美大島以及一九七二年五月將琉球群島歸還日本時，國民政府極度不滿，表示對於琉球的最後處置，其有發表意見之權利與責任，使得中華民國成為至今唯一對琉球主權歸屬日本提出爭議的國家。[11]（八尾祥平二〇一〇）因國府反對美國把琉球歸還日本，兩國政府的立場根本不同，但國民黨政權又為美國冷戰體系所扶持，不敢公然反對，從戰後至一九七二年美國管理琉球期間，中華民國政府無法依循正常外交管道與琉球政府接觸，必須另尋加強雙方互動貿易的辦法。在蔣介石的授意下，遂於一九五八年三月十日成立中琉文化經濟協會，由留學日本的知日派方治擔任首任理事長，初期業務以臺沖政界、財界有力人士的互訪交流為主，表面上不觸碰政治敏感議題，標榜文化、經濟的友好交流，改以國民外交的方式，爭取琉球人民的親善支持。（許育銘二〇〇六）

今期パイン
深刻な労務不足に
台湾女工七百人の導入 会社から申請

優良赤ちゃんの表彰式は八日に

嚴重的勞力不足，鳳罐業者申請引進臺灣女工七百名。翻拍自《八重山每日新聞》一九六八年五月三日。

移工派遣業務的濫觴可追溯到一九六二年，當時宮城仁四郎經營的「琉球殖產」以需要農業技術引入為名，向中琉文化經濟協會請求調派三十七名鳳罐工人支援，是為試驗性引進的開端，琉球殖產的廠長為一九三〇年代從臺灣移民到石垣島種植鳳梨、建立鳳梨王國美名的臺僑林發。臺灣的鳳罐工人技術熟練精良，效率比琉方工人高出甚多，馬上引發當地業者爭相引進，但琉球政府仍有人數上的設限，直到一九六五年九月《非琉球人雇用相關規則》施行，聘僱外籍勞工的制度條件才日趨成熟；加上**中琉文化經濟協會在琉的對口單位「中琉協會」成立**，首任會長即為宮城仁四郎，從此，移工派遣的業務得以正式邁入軌道。

那麼，中琉文化經濟協會到底如何「主導」移工派遣的業務？可從以下三點看出端倪。第一、請求派遣移工的企業多為中琉協會琉方幹部經營的鳳罐業、製糖業、水泥業、畜產業或肥料業[12]，充分反映出中琉文化經濟協會與中琉協會雙方的利害與共。譬如，琉球殖產和大東糖業是請求派遣移工的兩大產業，都由中琉協會會長宮城仁四郎旗下所擁有；此外，身為中琉協會幹部的國場幸太郎經營的國場組，也是僅次於鳳罐業、製糖業之外主要請求派遣移工的建設公司，水泥業者與建築業者多透過國場組召募移工。[13]第二、派遣移工除了八〇%為本省臺籍者外，還包括在臺的反共義士、歸國僑胞、義胞等[14]，中琉文化經濟協會首任理事長方治身兼中國大陸災胞救濟總會副理事長，在他的主導下，將移工派遣與災胞安置、就業事務相結合。（方治一九九〇）第三、移工選拔、出國手續及勞務契約等事項，由中琉文化經濟協會會同經濟部、外交部、內政部、僑委會、全國工業總會、省國民就業輔導中心等相關部會統籌辦理[15]，保障臺灣移工在琉球當地的薪資權益、勞務與人身安全，出國前夕，還在國民黨黨部或僑委會為移工辦理講習，內容包括中琉關係、出國須知、琉球勞工法令等，勉勵工人努力工作之餘，也要注意榮譽為國爭光、保持大國民的風度、加強中琉友好關係。[16]換言之，被視為民間技術援助、勞務輸出的移工派遣業務，其實是中琉文化經濟協會為了促進中琉親善、中琉關係極重要的一環，這個立場直到一九七二年琉球歸還日本、臺日斷交為止都沒有太大的變化，左頁圖表是從一九六八至一九七二年期間，透過中琉文化經濟協會代為召募，前往沖繩鳳罐工廠、甘蔗園以及製糖廠的農業移工人數一覽。

宮平昌（2019，作者攝）

平易近人、講話慢條斯理的宮平昌，昭和十二（一九三七）年生，具有多重身分，本身是蔗農，南大東農業協同組合監事，二十五歲開始擔任了十六年四屆的議員，曾兩次坐船到臺灣招募工人。

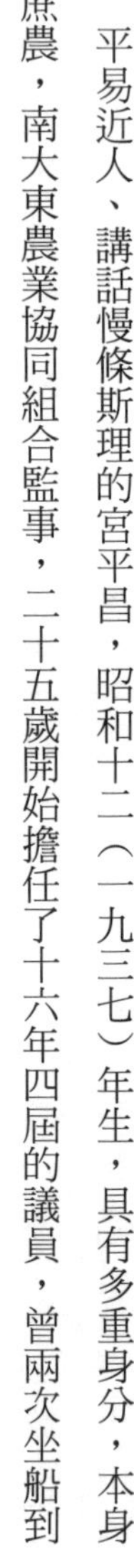

1968-1972 年中琉文化經濟協會派遣的農業移工人數

時間	僱用機構	僱用男（女）工人數	工作時間
1968.1.28	大東糖業株式會社	甘蔗工　35 人	僱用時間多為一年或一季，特殊需要加簽延期
1968.2.06	大東糖業株式會社	甘蔗工　216 人	
1968.2.19	大東糖業株式會社	甘蔗工　239 人	
1968.2.23	大東糖業株式會社	甘蔗工　261 人	
1968.2.23	中部製糖株式會社	甘蔗採收　34 人	
1968.3.07	琉球大東糖業株式會社	甘蔗工　120 人	
1968.3.11	琉球鳳梨罐頭輸出組合	男女工　750 人	
1969.1.23	南大東糖業株式會社	甘蔗採收　165 人	
1969.1.23	北大東糖業株式會社	甘蔗採收　244 人	
1970.1.03	琉球糖業株式會社	甘蔗採收　232 人	
1970.1.12	琉球糖業株式會社	甘蔗採收　289 人	
1970.1.18	琉球糖業株式會社	甘蔗採收　338 人	
1970.1.24	琉球糖業株式會社	甘蔗採收　263 人	
1970.7.03	東風平農業組合	伐蔗工　51 人	
1970.10	琉球鳳梨罐頭組合	鳳梨女工　65 人	
1970.10.10	琉球鳳梨罐頭組合	鳳梨女工　151 人	
1970.10.18	琉球鳳梨罐頭組合	鳳梨女工　285 人	
1972.1.22	琉球政府代表洽僱	甘蔗採收　700 人	

作者製表
資料來源：《中琉四十年交流紀要》（1998）：頁 437-446，臺北：中琉文化經濟協會出版。

> 大約是昭和四十五（一九七〇）年左右，當時砍蔗還沒有機械化，農家和糖廠都缺人，我去臺灣招募工人，主要負責資料的收集和製作，包括砍蔗的經費表格，到底要請多少人、薪水要付多少，當時臺灣的對口單位是中琉文化經濟協會，我們直接去交涉，南大東由蔗農及糖廠雙方共同決定，但主導權是在農家這邊。宮城仁四郎戰前曾在臺灣的糖廠工作過，如果沒有他，南大東不可能引入臺灣勞工。去臺灣簽約是一群人，包括會長、副會長、農家代表、糖廠代表還有議員，過程很順利，雙方決定招募工人來南大東，薪水人數其實都已經說好了，真的只是簽約。（宮平昌，男，八十二歲）

我從臺沖人口移動相關論述、沖繩的缺工與補工、中琉文化經濟協會主導的移工派遣三個層面，說明了本研究的定位，以及當年之所以出現農業移工的時空條件。本書的返回女工是指：一九六〇至七〇年代曾經從臺灣前往沖繩本島、八重山諸島、南北大東島等地的鳳罐工廠、甘蔗園以及製糖廠工作又返回的短期季節性女工，我將從送出地及接受地雙方切入，探照這段被人淡忘的移工遷徙史。分成兩部分，前半部是第二至第四章，運用再現和敘事兩種手法，解構沖繩媒體對於她們的再現，同時，為了超越媒體再現下的她們、也為了還原女工在沖繩的實際面貌、更為了展現臺灣女工的多樣面貌，透過臺沖兩地諸多報導人的敘事，讓她們的另類身影浮出水面。後半部是第五至第七章，我立足於送出地嘉義大林，採集離—返—留—守相關當事人的口述資料，映射出返回女工本人以及家庭、村落等周遭人們的想法與態度。

這齣戲由臺沖雙方各自不同的劇組演員、布景道具共創而成，格局或許不大，稱不上華麗，故事可能平淡，卻是令人動容的老梗。接下來，我將拉開塵封已久的帷幕，讓他們逐一現身在歷史的舞臺。

注釋

1 本文依不同脈絡使用琉球、沖繩等字詞，日文的琉球意指當今日本國的沖繩縣，同時也是對琉球王國（一四二九—一八七九年）、琉球藩（一八七二—一八七九年）、琉球政府（一九五二—一九七二年）等歷史上不同時期施政範圍的通稱；臺灣方面也有類似用法，但更強調琉球在歷史上對於中國明、清兩朝的依附與朝貢關係。

2 八重山諸島主要是指石垣島、竹富島、小浜島、黑島、新城島、西表島、鳩間島、波照間島、由布島、與那國島等有人島，以及周邊的無人島，可說是距離臺灣最近的日本。

3 何義麟（二〇〇八）透過政策（而非移動者個人層面）的探討，解讀官方檔案，針對戰後初期國府不承認琉球主權歸屬日本的情況下，剖析在臺琉球人居留與認同的困境。

4 『八重山每日新聞』一九六八年八月十八日。

5 『八重山每日新聞』一九六八年八月二十九日。

6 『八重山每日新聞』一九六八年九月五日。

7 『八重山每日新聞』一九六八年二月二十二日、一九六八年八月十八日。

8 『八重山每日新聞』一九六八年八月二十一日。

9 『八重山每日新聞』一九六八年十月十二日。

10 『八重山每日新聞』一九六九年六月十四日。

11 李明峻（二〇〇五）、陳荔彤（二〇〇五）從國際法的角度看琉球群島主權歸屬，透過對「開羅宣言」、「波茨坦宣言」、「舊金山對日和約」、「中日和平條約」的爬梳，研析琉球群島的國際地位，認為由歷史背景發展檢視，臺灣已無由主張對琉球群島的主權，且國際社會對日本取得琉球群島主權的政治挑戰漸已薄弱，建議臺灣對琉球群島主權的爭議，應轉移至如何與琉球政府發展正常的經貿、文教交流等方面的合作才是。

12 〈六十八名勞工 昨赴琉球工作〉，《聯合報》一九六七年八月六日，第二版；〈琉球製糖公司　招募伐蔗工人〉，《經濟日報》一九六七年十一月三日，第七版；〈我國千餘工人　今赴琉球工作〉，《經濟日報》一九六八年十二月十五日，第二版。

13 朱德蘭（二〇一六）專文探討戰後美軍支配下的沖繩，大企業國場組委託中琉協會斡旋，代僱臺灣勞工從事基地建設，協助發展地方建設的經緯。

14〈技術工人一批　昨赴琉球工作〉，《聯合報》一九六七年七月二十三日，第二版。

15〈工人受僱赴琉　當局定四原則〉，《經濟日報》一九六七年十一月四日，第二版。

16〈琉球求才　需要技術工人　月入一百美金〉，《經濟日報》一九六七年四月二十七日，第六版；〈二百名鳳罐工人　應聘赴琉球工作〉，《聯合報》一九六八年八月六日，第二版。

【附錄一】沖繩各製糖廠引進臺灣移工人數一覽

糖廠／年分	北部製糖			中部製糖			琉球製糖			第一製糖			大東糖業			北大東製糖		
	廠務	砍蔗	合計	廠務	砍蔗	合計	廠務	砍蔗	合計	廠務	砍蔗	合計	廠務	砍蔗	合計	廠務	砍蔗	合計
1966-67													—	**386** 男：33 女：353	**386** 男：33 女：353	—	**80** 男：12 女：68	**80** 男：12 女：68
1967-68				**24** 男：24 女：0	—	**24** 男：24 女：0	**40** 男：40 女：0	—	**40** 男：40 女：0				**62** 男：62 女：0	**545** 男：17 女：528	**607** 男：79 女：528	**38** 男：38 女：0	**161** 男：16 女：145	**199** 男：54 女：145
1968-69	**30** 男：30 女：0	—	**30** 男：30 女：0	**56** 男：56 女：0	—	**56** 男：56 女：0	**40** 男：40 女：0	—	**40** 男：40 女：0	**32** 男：32 女：0	—	**32** 男：32 女：0	**64** 男：64 女：0	**694** 男：23 女：671	**758** 男：87 女：671	**41** 男：41 女：0	**240** 男：22 女：218	**281** 男：63 女：218
1969-70	**30** 男：30 女：0	—	**30** 男：30 女：0	**61** 男：61 女：0	—	**61** 男：61 女：0	**40** 男：40 女：0	—	**40** 男：40 女：0	**25** 男：25 女：0	—	**25** 男：25 女：0	**73** 男：66 女：7	**728** 男：43 女：685	**801** 男：109 女：692	**42** 男：42 女：0	**244** 男：26 女：18	**286** 男：68 女：218
1970-71	**30** 男：30 女：0	—	**30** 男：30 女：0	**39** 男：39 女：0	—	**39** 男：30 女：0	**36** 男：36 女：0	—	**36** 男：36 女：0	**25** 男：25 女：0	—	**25** 男：25 女：0	**44** 男：44 女：0	**582** 男：95 女：487	**626** 男：139 女：487	**30** 男：30 女：0	**196** 男：43 女：153	**226** 男：73 女：153
1971-72				**27** 男：27 女：0	—	**27** 男：27 女：0							**45** 男：45 女：0	**436** 男：21 女：415	**481** 男：66 女：415	**24** 男：24 女：0	**122** 男：24 女：98	**146** 男：48 女：98

（續下頁）

糖廠／年分	宮古製糖（多良間）			石垣島製糖			與那國製糖			西表糖業（西表製糖）			伊是名農協			總計		
	廠務	砍蔗	合計	廠務	砍蔗	合計	廠務	砍蔗	合計	廠務	砍蔗	合計	廠務	砍蔗	合計	廠務	砍蔗	合計
1966-67							—	**45** 男：24 女：21	**45** 男：24 女：21							—	**511** 男：69 女：442	**511** 男：69 女：442
1967-68							—	**55** 男：25 女：30	**55** 男：25 女：30							**124** 男：124 女：0	**761** 男：58 女：703	**885** 男：182 女：703
1968-69							—	**40** 男：10 女：30	**40** 男：10 女：30	—	**41** 男：21 女：20	**41** 男：21 女：20				**263** 男：263 女：0	**1,015** 男：76 女：939	**1,278** 男：339 女：939
1969-70							—	**52** 男：20 女：32	**52** 男：20 女：32	—	**48** 男：23 女：25	**48** 男：23 女：25				**271** 男：264 女：7	**1,072** 男：112 女：960	**1,343** 男：376 女：967
1970-71	**12** 男：12 女：0	**10** 男：10 女：0	**22** 男：22 女：0	—	**63** 男：15 女：48	**63** 男：15 女：48	—	**49** 男：17 女：32	**49** 男：17 女：32	—	**50** 男：18 女：32	**50** 男：18 女：32	**14** 男：14 女：0	—	**14** 男：14 女：0	**230** 男：230 女：0	**950** 男：198 女：752	**1,180** 男：428 女：752
1971-72							—	**27** 男：10 女：17	**27** 男：10 女：17	—			**14** 男：14 女：0	—	**14** 男：14 女：0	**110** 男：110 女：0	**585** 男：55 女：530	**695** 男：165 女：530

作者製表
資料來源：『琉球製糖株式会社四十周年記念誌』（1992）：頁 164-165，沖繩：琉球製糖株式會社。

第二章

沖繩媒體再現的臺灣女工

曾根春子，不識字，民國五十九年來沖。四十年前老家彰化農村的勞動力開始過剩，但工資普遍太低，大家都想出去工作，加上她的婆婆高壓嚴厲而恐怖，丈夫到沖繩打工賺的錢、寫的信都不曾轉交給她，讓春子決意帶著四個年幼子女遠離臺灣，跟隨夫家的男性族人來沖繩依親。她最早抵達的是小浜島的製糖廠和西表島的鳳罐工廠兩地，因為老闆是同一人，都用小船載工人們來來去去。春子全家陸續移住到沖繩，欣慰的是四名子女都很體諒、彼此互相照顧，從小就協助父母做家事。她記得在小浜島工作時，親切的鄰居會幫她帶小孩，工廠的領班中午偶爾開車載她回家偷看孩子，當她見到兩歲的兒子天真無知地在喝地上的髒水時，只能遠遠看著他的背影，含淚再回到工廠……春子是舉家移住，因此養活一家六口，成了她和先生的重要任務，她不禁感嘆，過去那段省吃儉用的困頓生活。

「為了趕快多賺點錢，我白天在蔗園剉甘蔗，晚上繼續到糖廠加班，晚班工錢比較多，主要工作就是把砂糖裝入袋子裡。糖廠加班時，老闆會送給每人一包泡麵，我連這個也省下來，第二天早上加點青菜當成一餐給小孩吃，我自己啃幾口甘蔗就算過去了……剛來沖繩的前半年都是吃罐頭，根本沒買過新鮮蔬菜，我先生買過一次，真的太貴了。後來我還偶爾去偷拔別人菜園的野草青菜，水果幾乎沒買過，都是摘山腳下野生的金桔來吃。」

可以想像，春子毅然決然遠離臺灣遠渡沖繩的前後，生活是極其艱辛困頓的，在沒有退路、只能拚命向前的強大信念下，她開展了另一頁絕處逢生的奮鬥歷程。當我在她石垣島的家屋中訪談時，她拿出了四十年前最後和先生、孩子們離開彰化老家、親友在臺鐵月臺的送行照片，那時她身穿紫色迷你短裙、梳了摩登髮型、臉上堆滿臉容，對照受訪當天她同樣也身著紫色上衣、老邁溫吞且不時怨嘆的表情，除了讓我感受歲月不饒人的殘酷外，還有移民在異鄉老後孤伶的蒼涼。

（田野日誌[1]：二〇一一年一月十七日）

一九六〇至七〇年代沖繩諸島的臺灣女工，大多前往沖繩本島、八重山諸島、南北大東島等地的鳳罐

左：曾根春子最後和先生、孩子們離開彰化老家時，親友在臺鐵月臺送行。（本人提供）
右：曾根春子在石垣島受訪（2011，作者攝）

工廠、甘蔗園以及製糖廠工作，我在捕捉她們的身影時，搜尋了許多臺沖雙方的相關文獻，只可惜中日文資料分散匱乏，因此當年的媒體報導成了茫茫大海中一條有力的線索，也是我最初建構女工印象的重要來源。從日文紙媒對她們的報導著手探究，到底，這些人如何被接受國的媒體再現與定位？又，當年媒體的報導和她們真實的處境是否吻合？檢證的手法無他，就是不斷透過各種文獻資料或當事人的現身說法交叉比對，才能一點一滴地拼湊出臺灣女工的可能形貌。本章我先從日文媒體對臺灣女工的描繪切入。

〈石垣島的臺灣勞工〉這篇報導，是我剛開始進行研究時讀到的，由那谷敏郎撰文、栗原達男攝影（一九六九），刊登於《朝日週刊》（朝日ジャーナル），該刊（一九五九—一九九二年）由總部設於東京的朝日新聞社發行，這則報導僅僅四頁，圖多於文，四張照片說明了日本記者眼中當時石垣島臺灣女工的工作及生活處境。分別是：一、石垣島港口倉庫內下船的臺灣移工，正等待巴士接送她們到鳳罐工廠。二、鳳罐工廠內的兩個臺灣人，一男一女，女性有時跟著丈夫或兄長來島，原則上加班不能超過晚上十點，加班費以時薪的一・二五倍計算，但十點之後以時薪的一・三倍計算。三、臺灣女工的宿舍有三個大房間，一間當餐廳使用，她們幾乎沒有到過街上，也沒有運動。四、背對鏡頭的女性在石垣島下船，要到鳳罐工廠繼續做工，面對鏡頭的女工要從大東島返回臺灣，她們先停留四小時，整夜站在船板上聊天。四張圖片中我比較有感、卻又有點疑惑的是，臺灣人收工後「幾乎沒到過街上，也沒有運動」這則，令人不禁好奇，女工真的無處可去嗎？是被迫還是自願留在宿舍？她們的真實生活到底是什麼光景呢？

二〇一一年初，我在石垣島訪談到當年的鳳罐女工仲里麗綺，從她口中聽聞到的故事，與這則日文報導明顯不同。個性開朗、積極豪爽的仲里，是個美麗大方的臺沖混血兒，父親是基隆人，二十八歲失婚後，單親扶養兩個小孩，為了生計也為了散心，一九八四年第一次漂洋過海踏上母親的故鄉石垣島。仲里只在鳳罐工廠待過兩個夏天，

〈石垣島的臺灣勞工〉中刊登的臺灣女工身影。翻拍自《朝日週刊》一九六九年十一卷三十四號。

當時還留在石垣島的臺灣女工已經很少，她的主要工作地點位於二樓，負責將罐頭清空，並沒有直接觸碰鳳梨的果肉或果皮。她說鳳梨汁對皮膚不好，接觸久了容易引發過敏，她偶爾會下去一樓幫忙，切鳳梨、挖鳳梨眼的工作也難不倒她。然而，為了趕快賺更多的錢，仲里不想只做鳳罐工廠內的工作，即便有很多加班的機會。不同於別的臺灣女工，傍晚時分一到，她就趕緊搭上廠區免費提供的巴士，到大街的餐廳、酒店去打工，當時的鳳罐工廠並不會拘束或禁止她們兼差。她強調，自己**不願只局限在鳳罐工廠廠區那個狹隘**、**單調**、**同質性高的空間**，會抽空跑去外面的臺灣餐廳打零工，從「空間」及「身分」上去突破、去轉換在島上的生活，努力成為開拓格局的異鄉客。仲里一邊撩撥捲髮，一邊眨著眼睛興奮地說：

仲里麗綺於石垣島的臺灣人餐廳（2011，作者攝）

我可以搭鳳罐工廠早晚免費的巴士溜出去，到外面的餐廳、酒店打工真的好處多多，可以趕快賺更多的錢，還可以學些日語，端菜可以認識很多人，我和後來再婚的先生就是

> 在餐廳認識的，我本身也喜歡和人交際，只要滿臉笑容就行了。還有，可以打包餐廳的菜尾（剩菜），當作第二天在鳳罐工廠宿舍的中餐，不用再花時間煮，也省下自炊的電費，還可睡個午覺休息一下，補充更多的體力……（仲里麗綺，女，五十五歲）

《朝日週刊》一九六九年的這則報導圖文並茂、並非捏造，但推斷可能只是該名記者的片面觀察，與事實應該有所出入。因此，我抱持小心翼翼的態度閱讀相關資訊，不照單全收、也不全面批判，我選擇從「再現」這個視角，檢證沖繩媒體再現下的臺灣女工。再現（representation）是指對於某事物、觀點或事實，以視覺或其他方式的再度呈現或創作，再現非真實，而是一種建構，意味了形塑、選擇與呈現的積極作用，為了表達抽象概念，必須透過各種符號、論述形成的再現系統來賦予世界意義，**對現實進行「再」度呈「現」**。（林佳儀二〇〇八）可以說，中立客觀的經驗世界根本不存在，無論是媒體工作者或語言規範，都充滿了特有的社會及文化價值意涵，影像是真實的製碼（encoding）而非記錄（recording），而是經常偏重某些社會層面、行為態度或生活方式。（張錦華一九九四）

本章的「沖繩媒體」所指為何？[2]是指總部設於沖繩、以沖繩地區為主要報導範圍的平面媒體，包括圖文新聞月刊《沖繩影像》、報紙《沖繩時報》和《八重山每日新聞》以及沖繩作家的小說〈魚群記〉。之所以鎖定沖繩媒體，顧名思義，它們標榜在地觀點與關懷，相較於總部設在日本本島特別是東京的媒體，對於一九六〇至七〇年代沖繩諸島的臺灣女工，會有較多的注意和紀錄。至於為何選取小說〈魚群記〉，或許它與新聞月刊、報紙的性質及風格迥然不同，很難當成直接的史料或資料來運用，然而，該文是目前為止直接而明確以一九六〇至七〇年代沖繩本島北部的鳳罐工廠為場景、並以臺灣女工為主軸來鋪陳的小說，且作者的自傳性色彩極為濃厚，它一定程度反映了當年沖繩人、特別是沖繩男性對於臺灣女工的凝視態度，是一個無法忽略的重要文本。我整理出沖繩媒體再現下臺灣女工的三種形象，它們多少都和女性的身體意象有關：上工與收工的她們、性幻想的投射對象、寄生蟲的高帶原者，其背後折射的意涵是接受地沖繩從缺工到補工的需求、男性欲望宣洩的渴望，以及管控移工的焦慮。

西村夫婦與臺灣砍蔗女工，翻拍自《沖繩影像》一九七〇年四月號。

上工與收工的她們

首先，當地媒體對於以「女工」這個合法既定的身分來到沖繩的臺灣人，經常描繪她們是：**勤奮、有效率、技術純熟的勞動者**。最具代表的圖文月刊新聞雜誌《沖繩影像》（オキナワグラフ），創立於一九五八年，總部設於那霸，一九七〇年四月號「南大東島特集」中，高齡七十八歲的西村老夫婦，聘僱了六名臺灣砍蔗女工，一同在蔗農家的庭院合影。一九七〇年五月號以「砍蔗就交給她們吧！勤奮的臺灣季節工」為題，描述來自臺灣的原住民阿美族人、外省退役軍人、本省人在沖繩本島南端東風平村砍蔗的日常生活。

勞動者，是臺灣女工主要被再現的身分，當地蔗農工會的金城組長坦言，引進臺灣的砍

キビ刈りならおまかせを
台湾からの季節労働者はよく働く
Groups of seasonal laborers come to Okinawa from Taiwan to work on sugar cane fields. About 2,000 of them are

「砍蔗就交給她們吧！勤奮的臺灣季節工」，翻拍自《沖繩影像》一九七〇年五月號。

蔗工是因為，臺灣工人一天的勞動時間長達十小時，每人每天平均砍收一噸的甘蔗，比起沖繩人只能砍〇・六噸真是強多了，他對臺灣砍蔗工人旺盛的勞動意願深感佩服，對其勞動成果更是滿心歡喜。女工除了在蔗園中來回穿梭的辛勤身影外，似乎還有其他的面貌。女工收工後都做些什麼？同樣是《沖繩影像》一九七〇年五月號，出現了餘興節目中以原住民衣裳載歌載舞的女工、晚間忙著寫家書的媽媽女工。同刊一九六八年十二月號「在琉華僑慶祝民國五十七年雙十國慶」的專欄中，於那霸市《琉球新報》禮堂舉行的國慶晚會約一千六百人出席，包括短期來沖的鳳罐女工及建築工人約兩百人也受邀參加。坐在會場一角的女工們，專注地看著臺上的歌舞表演，她們短髮、穿著無袖上衣及迷你短裙、小露大腿的模樣，和平日包裹緊身、辛苦工作的勞動形象迥然不同，讓人窺見到她們女工之外的俏麗身影。

在那霸參加國慶晚會的臺灣女工。翻拍自《沖繩影像》一九六八年十二月號。

沖繩發行量最多的報紙《沖繩時報》（沖縄タイムス），創立於一九四八年，總部設於那霸，一九六七到一九七三年陸續報導臺灣人在沖繩諸島工作及生活的概況，譬如，「活躍於南大東島的臺灣人，女工服裝色彩繽紛點綴蔗田，休息時間笑聲不絕」[3]、「臺灣季節性勞工製糖期結束後返鄉，很多人買蘋果。覺得沖繩人親切還想再來，物價比臺灣高，特別是米價」。[4]以一九七一年三月九日「大東島的糖業」系列報導三為例，該文介紹了砍蔗工的蔡姓女領班。彰化二林出生、身材嬌小活潑外向的她，很會護膚，看起來比實際年齡小七、八歲，勤勞而且日語很好，深受雇主信賴。女工主要做的就是砍蔗、整理枯葉、綁蔗，早上六點起床到傍晚七點天黑，一天砍一．五至二噸，收入有三．五至五美元。雇主擁有十九公頃的蔗田，在南大東算首屈一指，每天採收十噸以上的甘蔗送進糖廠，至少要做一百三十個工作天。蔡認為沒問題，臺灣女工很強，臺灣的農事比這裡辛苦，早就習慣了。南大東引進臺灣工人已經五年，沒發生什麼問題，之前沖繩本島和先島群島的工人喝酒後吵架，和南大東人起衝突，但臺灣人非常和善，深受蔗農的喜歡，他們對臺灣人的評價就是很會工作。**收工後女工吃完晚飯就是護膚**，因為也沒其他事可做，三餐自炊，雇主每人一天給三

大東島の糖業 ③

女性のリーダー格
台湾ではもっと厳しい

人気者蔡さん

新聞報導中介紹了臺灣來的砍蔗工蔡姓女領班，文中提到她很會護膚。翻拍自《沖繩時報》一九七一年三月九日。

十分美元的食材費，她們吃的是白飯配味噌湯、還有一點點菜，蔗農也是漁師，出海捕魚後會送鮪魚、旗魚給女工加菜。六月製糖期結束時，每人大約賺四百五十至五百美元，買很多伴手禮回臺，蔡要買衣服給先生和女兒，還有藥品，日本製藥在臺很貴，她明年還想再來。

上述《沖繩影像》、《沖繩時報》的報導雖只浮光掠影，也捕捉到女工她們上工與收工時的模樣，上工的勤奮確實有目共睹，收工後以原住民衣裳載歌載舞、晚間忙著寫家書、出席國慶晚會也有圖為證。但是對沖繩人而言，**女工的護膚保養似乎有些不可思議、難以想像**。接下來的〈魚群記〉這部小說中，臺灣女工的細白肌膚成了沖繩男性凝視的標的，也變成引發騷動的元凶，到底發生了什麼事？

性幻想的投射對象

近百年多來，臺灣和沖繩的命運同樣充滿了歷史悲情。對日本而言，臺灣和沖繩宛如一對卑微的童養媳和養女，臺灣是在中日甲午戰爭結束、《馬關條約》簽訂後，成為日本的第一個殖民地（一八九五年），沖繩是在日本併吞琉球王國（一四二九—一八七九年）、強行廢藩置縣後，成為明治時期國家境內的一個地方縣。但是，對於臺灣和沖繩而言，兩個身世坎坷的人碰到一塊，彼此並非惺惺相憐，也沒有太多時間去惺惺相惜。臺沖雙方的關係，時而互補、時而互斥，許多沖繩人抱持優越感，認為沖繩比臺灣早十六年成為明治時期國家最邊陲的行政區域，雖是歹命，但似乎仍遠優於臺灣，一個非親非故、只能委身做殖民地的化外之邦，沖繩版的東方主義（Orientalism）確實存在，無庸置疑，至今也還陰魂未散。（西成彥二〇〇三）

薩伊德（Edward W. Said）的鉅作《東方主義》一書中曾提及，西方人對異國女性的凝視充滿了東方主義，也就是「為了支配、再結構並施加權威於東方之上的一種西方形式」（一九九九），法國大文豪福樓拜描述他在埃及見到許多當地的奇風異俗時，女性，是展現這些奇風異俗的重要布景：開羅市場中當眾做愛的女人、為白痴手淫的穆斯林女性、爭相接取教士尿液搓揉自己的不孕婦女……可以看到，薩伊德凸顯福樓拜筆下的埃及女性不僅怪誕奇特，並且，**她們被再現的脈絡往往都和女性的肉體身體、男女的性愛交歡有關**。長久以來，許多文學評論家或後殖民學者都從批判東方主義的立場，解構強勢地位者對「他者」女性，也就是「族群、階級、職業、出身、長相等相對弱勢」的女性這種扭曲地再現，一九六〇至七〇年代沖繩諸島的臺灣女工，似乎也難逃這樣被描繪、被研究、被定格的命運。這個發現，當我讀到沖繩作家目取真俊的小說〈魚群記〉（一九八三）及相關論述時，更在腦海中迅速地盤旋甚至爆裂開來，也逼促我不斷去思考：沖繩和臺灣的關係到底為何？透過一九六〇至七〇年代沖繩諸島的臺灣女工，我能擷取到什麼？

此一時空場景直接而清楚地出現在沖繩作家目取真俊的小說〈魚群記〉（一九八三）這部小說，他是一九九七年日本芥川文學獎得主，一九六〇年出生於沖繩縣今歸仁村，琉球大學法文學部畢業，主要作品有《走在名為和平大街的路上》、《水滴》、《收驚》、《群蝶之木》等，幾乎都是短篇。他常常在沖繩當地報紙發表散文，被認為是反體制的作家，作品多使用方言，發表於一九八三年的著名短篇私小說〈魚群記〉（收錄於《目取真俊短篇小說選集》，影書房，二〇一三），曾獲得第十一屆琉球新報短編小說賞。在此，簡介〈魚群記〉的梗概。

沖繩回歸日本的一九七二年前夕，本島北部的偏僻農村許多鳳罐工廠林立，工廠周邊河川群聚了提拉皮亞（Tilapia）這種外來低等的臭魚，戲弄這些魚群的少年也結集成群，鳳罐工廠內的臺灣女工以及覬覦女工的沖繩男人，又是不同的群聚。換言之，魚群並非單指提拉皮亞這種魚類而已，作者運用擬人法，從動物影射少年、女工、男人等不同性別、階級、種族的群聚，也用提拉皮亞暗指沖繩，象徵回歸日本的一種魚類，並把自己的童年經驗以及對臺灣女工的追憶編入素材，串連出一部個人色彩濃厚的私小說。（西成彥二〇〇三）〈魚群記〉是以少年的第一人稱來鋪陳，文中和女性的肉體身體、男女的性愛交歡有關的情節包括了：這些女工被沖繩人蔑稱作**臺灣女（たいわんいなぐ）**，許多沖繩男性仍擺出殖民時代對臺灣人的歧視，在女子宿舍外窺伺、徘徊與勾搭；故事主角的少年常跑到河岸邊的的鳳罐工廠遛達，無法抑制對臺灣女工細白肌膚的垂涎與不斷擴大的性幻想，後來暗戀某位女工，混到工廠或宿舍外想和她親近，竟然發現她和自己的父親、哥哥都有染……

日臺兩位學者西成彥（二〇〇三）及朱惠足（二〇〇一），從批判東方主義或後殖民的脈絡，解構了〈魚群記〉中被再現出來的臺灣女工。5

西成彥認為，〈魚群記〉凸顯了沖繩人對臺灣人的鄙夷，以及臺沖雙方不平等的對待關

活躍する台湾労働者　南大東

畑は色とりどりの服装でにぎわう

キビ予定より早く処理か

おみやげどっさり

台湾の季節労務者

製糖終えて里帰り

媒體對於臺灣女工的報導。翻拍自《沖繩時報》一九六八年三月十六日（上）、一九七〇年四月十六日（下）。

係，作品透過少年對臺灣女工性愛的寄託與想像，將沖繩男性和少年們擺在一個「加害者、歧視者、搾取者」的位置，算是「沖繩版的東方主義」。後來，作者目取真俊在《沖繩：草之聲・根的意志》（二〇〇一）中也坦承，透過〈魚群記〉的書寫讓他反省到，沖繩不再只是大日本帝國壓迫底下的被害者或被歧視者，對臺灣女工而言，沖繩儼然成了加害者和歧視者。由此觀之，一八七九年琉球被日本併吞後，**日本—沖繩—臺灣三者間的位階差序**，並沒有隨著一九四五年日本殖民臺灣的結束而告終，仍舊牢不可破地持續到戰後沖繩引進臺灣女工的一九七〇年代，透過小說中男女性愛、族群、階級盤根交錯的結構化，這種後殖民脈絡下的不平等關係更為糾結、也更為深刻。

然而，朱惠足提出了相似而不盡相同的觀點，她著眼的是，〈魚群記〉中沖繩男性對臺灣女工細白肌膚的垂涎，以及隨後所引發的一連串反應。女工的細白肌膚彷彿是包裹著毒藥的糖衣，她們純粹是來賺錢的短期移工，但她們的現身，攪亂了當地純樸的民風，女工成為男人情慾投射的對象，夜夜在女工宿舍外徘徊的男人絡繹不絕。朱運用後殖民理論大師霍米・巴巴（Homi K. Bhabha）解構種族主義與膚色的手法，認為臺灣女工細白肌膚的現形，並非鞏固、而是破壞了日本—沖繩—臺灣三者間既存的位階差序。因為，一八九五年成為日本殖民地的臺灣，在許多沖繩人的眼裡，是一個充斥武裝暴動、傳染病、獵人頭等動盪不安的化外之地，臺灣，順理成章地被沖繩人當成是一個替代，替代了沖繩這個總被日本人視為落後於本島的邊境。朱從女工的細白肌膚切入，指出沖繩人被日本人歧視的外顯特徵就在於膚色，沖繩人把對於己身膚色黝黑的自卑，轉化成對白皙肌膚的妒嫉、渴望與羨慕。臺灣女工的出現，特別是她們的細白肌膚，正好顛覆了沖繩人對臺灣的想像，打破了沖繩人長久以來認為沖繩優於臺灣的看法，更翻轉了沖繩人對臺灣的嚴重偏見。

寄生蟲的高帶原者

沖繩媒體再現下的臺灣女工，除了細白肌膚成了沖繩男性凝視的標的、引發騷動的元凶外，和身體、疾病、公衛更有直接關連的是，她們成了寄生蟲的高帶原者。《八重山每日新聞》一九五〇年創刊，總社位在石垣市，標榜「世界為視野，鄉土為視點」，顧名思義，它以八重山區域為範疇，是該區極為重要的報紙。從一九六七年到一九七二年沖繩歸還日本、臺日斷交的這段期間，只要是以臺灣女工、鳳罐產業缺工為標題，或內文提到與臺灣女工相關的任何報導，我在檢索時都不會忽略，如以下四則簡短不太起眼的標題內容：「為了和認識的女工見面，入侵鳳罐工廠廚房的在地季節性男工以侵入住宅罪被捕」[6]、「兩位女性友人，因引進鳳罐工廠的臺灣女工，而得以重逢」[7]、「臺灣女工因子宮外孕急需捐血，鳳梨輸出公會八重山支部呼籲各地捐血救人」[8]、「雙十節天理教慰勞臺灣鳳罐女工四十二人，華僑委員會林發、天理教本部及沖繩教區亦派人出席」。[9]在此，我要特別凸顯的是女工被再現成「寄生蟲的高帶原者」，它並非經常出現，卻以極其斗大的標題呈顯。

一九六九年七月十至十一日連續兩天出刊的斗大標題：「鳳罐工廠八八%的臺灣女工糞便含有寄生蟲，幾乎都是不合格者，丟出問題給寄生蟲預防協會」、「寄生蟲的高帶原者被強制遣返，其餘者徹底投藥驅蟲，鳳罐業者想對策，解決臺灣女工不適任問題」。該報導闡述，無論本國人或外國人，所有鳳罐工廠的男女作業員，基於《食品衛生法》都得接受例行的糞便檢查，他們必須是健康的、手腳沒有傷口的、腸內無寄生蟲者，鳳罐屬於國際化商品，從事該食品加工的女工之健康問題，一定會受到嚴格的檢測。接受檢查的一百二十八名臺灣女工當中，有一百一十五人，也就是高達八八・一%被檢查出體內有寄生蟲，包括十二指腸蟲、蛔蟲、鞭蟲。八重山保健所面對沖繩寄生蟲預防協會的這份檢查報告，開始大力宣導驅蟲對策及投藥方法，加強灌輸臺灣女工公共衛生觀念，但女工以「在臺灣從來都不必檢查」為由加以拒絕。沖繩輸出鳳罐工會八重山支部也認為事態嚴重，緊急聯絡鳳罐業者協商對策，提出具體措施：強制遣返檢測出體內有三種寄生蟲的高帶原者，對留下來的女工徹底進行投藥驅蟲，加強生活環境的消毒，避免再感染給他人。這種例行檢查不僅只針對臺灣女工，一九七一年八月四日《八重山每日新聞》的標題是「檢查島內鳳罐女工，保健所和寄生蟲預防協會攜手合作」，再次強調西表島東部和石垣島島內六座鳳罐工廠的當地女工都須接受檢查，並列出各廠女工體檢人數及檢查日期，也包括來自臺灣和宮古島的女工。從這些報導可以看出，寄生蟲預防協會無法放任移工的健康狀態於不顧，此乃不爭的事實，遺憾的是，檢查結果公布後，臺灣女工被《八重山每日新聞》再現成寄生蟲的高帶原者，她們似乎也等同被宣判是骯髒、不潔的一群人，這樣的做法間接加深了接受國百姓對外來移工負面的刻板印象，也造成雙方互動時的緊張與不安。[10]

本章從上工與收工的她們、性幻想的投射對象、寄生蟲的高帶原者三個形象，捕捉到沖繩媒體再現下的臺灣女工，三個形象多少都和女性的身體意象有關，某種程度反映出臺灣女工的樣貌與處

パイン
ほとんどが就労不適格者
88%が寄生虫もち
問題投げる台湾からの女工

寄生虫
保虫高率者のみ強制送還
残りは徹底投薬駆虫
就労不適格の台湾女工問題

翻拍自《八重山每日新聞》一九六九年七月十日到十一日

境，我揪解出來的是，接受地沖繩從缺工到補工的需求、男性欲望宣洩的渴望、以及管控移工的焦慮。然而，我無法只滿足於紙媒或小說片面建構出來的這些形象，而是把它們當成一種指引，指引著我繼續深掘更多鮮為人知的女工身影，繼續探問：上工與收工的她們，除了在蔗園與宿舍穿梭外，是否還出現在其他空間、從事其他活動？寄生蟲的高帶原者此一負面形象，該如何扭轉？女工是否透過不同的表現或行徑，讓沖繩人另眼相看？還有，西成彥、朱惠足都以後殖民的觀點解構「臺灣女工在沖繩」此一現象，確實有助於瞭解臺沖之間不平等關係底下的女工處境，然而，臺灣女工的出現，到底是如西成彥所說的，再製了日本—沖繩—臺灣三者間既存的位階差序，還是如朱惠足聲稱的，其實它顛覆了三者間的位階關係？答案可能是觀察者的見仁見智。真實世界森羅萬象、詭譎多變，跳脫〈魚群記〉的文本，對沖繩人而言，臺灣女工的細白肌膚到底還有什麼意涵和價值、會帶來臺灣人與沖繩人之間其他的凝視與互動嗎？

接下來的第三章和第四章，我透過臺沖兩地報導人的現身與獻聲，深入女工在當地的生活作息，以及女工與當地人的真實互動，試圖讓她們多樣的身影重見天日。

注釋

1 本書第二、四至六章及附錄各章開頭的田野日誌均是作者所寫。

2 二〇一〇年一至二月，我取得琉球大學國際沖繩研究所客員研究員之資格，前往該校進行資料蒐集，才得以大量閱讀到沖繩媒體對一九六〇至七〇年代沖繩諸島臺灣女工的相關報導，在此之前，我在臺灣看到的多屬先行研究或文獻而已。

3『沖縄タイムス』一九六八年三月十六日

4『沖縄タイムス』一九七〇年四月十六日

5 此外，佐久本佳奈（二〇一四）以克洛索夫斯基（Pierre Klossowski）的名著《生存貨幣》（*La Monnaie vivante*）之概念，解構小說中臺灣女工和父親、哥哥之間三角關係的交換與流通價值，把女工與家庭中被忽略的母親對照，凸顯兩位女性做為貨幣價值的共同性；佐久本佳奈（二〇一五）、山原公秋（二〇一一）探究女工的出現與當地男性欲望、消費與暴力之間錯綜複雜的關係。

6『八重山每日新聞』一九六七年七月二十九日

7『八重山每日新聞』一九六七年八月八日

8『八重山每日新聞』一九六七年八月十二日

9『八重山每日新聞』一九七一年十月十二日

10 包括臺灣在內當今許多引進外籍移工的國家，都可看到此一現象，政府或醫界以健康管理、公共衛生等考量為由，進行強制而必要的身體檢查，檢查結果則由媒體發布，對這些外來者通常貼上不太友善的標籤，並和特定疾病、疫情等相連。（吳麗珠、黃彥芳、楊靖慧二〇〇九；章門煌、林玲媛、徐慧貞二〇〇七）

第三章

沖繩南大東島　引頸期盼下的凝視

一九九七年的盛夏，我剛剛結束在東京的留學生活返國，對於日本、臺灣兩地的複雜情緒，還是起起伏伏、難以收納，感覺到慰安婦的議題逐漸浮上檯面，在各大媒體頻頻曝光。報紙小角落的這則新聞[1]，與當時撻伐日本軍國主義殘暴不仁的主流論述非常格格不入，因此，反倒大大吸引了我的目光。

不渝的情、真心的愛、戰爭的殘忍　韓籍慰安婦　半世紀等待　昨完成冥婚　來臺償宿願

為著一段約五十年的誓約，二次世界大戰期間被日本軍方強徵的韓國籍慰安婦李容洙，昨天穿著白色喪服，至新竹空軍基地仁愛樓前的草地，即日本自殺飛行中隊──神風特攻隊「下沙崙」慰安所的故址，以韓國「冥婚」習俗，完成她和特攻隊員長谷川的婚禮，她說，「我相信死後可以和長谷川在天上相見，結為夫妻，過著快樂甜蜜的生活。」

七十一歲的李容洙說，一九四四年她十五歲時，在一個睡夢的夜晚，突然被日軍抓走，送往北朝鮮後，又送到中國大連、上海等地，最後輾轉來到臺灣，與另四名韓國慰安婦抵達新竹市的下沙崙慰安所，當時所內共有十四名慰安婦。

她說，**慰安婦與平均年齡廿出頭的神風特攻隊員都是離鄉背井之人**，異地相遇，年輕的男女很容易傾訴衷曲，因此她結識長谷川後，**兩人情投意合，海誓山盟**，並在長谷川出死亡任務之前，一起共度了這一生中最後、最美的三天。

長谷川在這次任務中一去不回，**但李容洙為了長谷川終身不嫁**，戰後她不斷的向聯合國人權單位及日本友人，表明要回臺灣新竹找尋慰安所的心願。去年八月，她在中研院研究員胡台麗幫助下，抵達新竹空軍基地，但不得其門而入。

昨天上午十時許，李容洙進入基地，由副聯隊長金乃傑做簡報，並經農民邱阿田的協助指認，找到慰安所故址，可惜房已拆，小山坡也已剷平。李容洙突然詢問可以舉辦某種儀式嗎？李容洙隨即拿出從韓國帶來的一對男女布偶，在白紙上寫著心愛戀人神風特攻隊飛行員長谷川與「無名仙女」的名字，放在新移植的大榕樹下，按韓國冥婚習俗，在布偶旁點起白蠟燭，上香禱告後，完成一場因戰爭而不能實現的婚約。

李容洙認為在風燭殘年的歲月，得以在昔日的慰安所前完成與長谷川至死不渝的盟約，宿願既償，立即開懷而笑，並換了洋裝，**這時她認為自己已是長谷川口唱日本歌謠中的「長谷川容子」，其中長谷川是夫姓，容子是長谷川替她取的名字**。

從一位韓籍慰安婦口中說出的愛情故事，辛酸而淒美，來臺的救贖之旅，掀開了殖民者與被殖民者之間存在卻不被祝福的關係。當沖繩這個距離臺灣最近的日本，意外地躍入我的研究視野時，這則深植人心的報導，勾起了我重新思考臺日關係中的其他雜音，以及對於殖民、被殖民身分的看待。

二〇一〇年二月初，我前往沖繩離島調查之前，已陸續在嘉義大林訪談了多位高齡的女工，她們都是在一九六〇至七〇年代透過仲介、親友或是鄰里熟人的口耳相傳，從大林前往南大東島當砍蔗工，也因此，我決定依循這些女工的足跡，實地前往該地一探究竟。目的有二：一是從南大東島島民對臺灣女工的敘事裡，追溯她們如何被當地人凝視以及與之互動的情形，進而描繪出她們的可能身影；二是檢證這些身影是否能夠超越沖繩媒體再現下的她們，希望還原女工在島上的真實風貌。

敘事（narrative）又稱敘說，是人類思考和組織知識的基本方法，我們常以敘事方式進行思考、表達、溝通並理解人類與事件；敘事研究是應用故事描述人類經驗和行動的探究方式，企圖針對個人所經驗之特殊經歷進行瞭解。敘事研究認為，現實中並不存在單一的、絕對的真實，對於文本也沒有唯一正確的解讀或詮釋；敘事取向提倡**多元主義**、**相對主義及主體性**（subjectivity）等價值。敘事常被用來呈現社會中某些性別、種族及宗教等因素所定義之群體的特性或生活風格，這些群體時常是遭受歧視的少數族群，敘事呈現了他們未被聽見的聲音。（艾米亞・李普利〔Amia Lieblich〕等著二〇〇八）準此，本書第三章至附錄的訪談皆秉持敘事研究的立場與精神。

首先，說明南大東島的糖業發展，以及製糖業勞動人口短缺不得不引進臺灣、韓國移工的時空背景。

南大東島位於沖繩本島三百九十二公里的東方外海，地處北緯二十五度五十分、東經一百三十一度十四分，面積約三〇・五七平方公里，直到十七世紀前半，它才出現在歐洲人繪製的地圖上。明治十八（一八八五）年日本命令沖繩縣對大東諸島（南大東島、北大東島、沖大東島）進行探勘，大東諸島才正式劃為日本國沖繩縣的管轄之下。南大東島最重要的開拓者是八丈島出身的富商玉置半右衛門（一八三八—一九一〇年），他於明治三十一（一八九八）年視察夏威夷、東海、菲律賓、琉球群島，當遠洋漁船航行

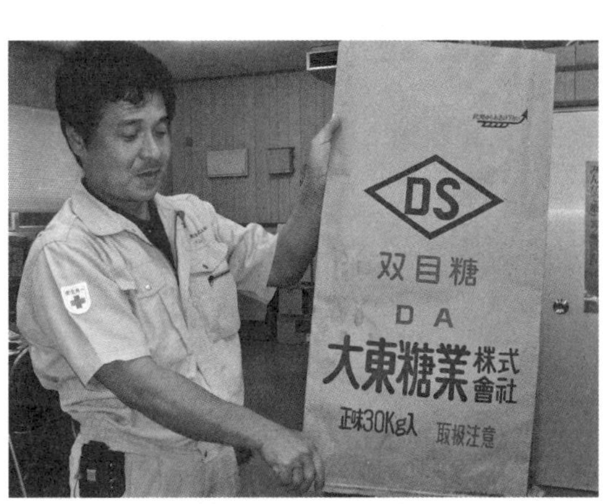

大東糖業株式會社是南大東島最主要的產業，聽說當時廠內臺灣移工的工作之一，是把砂糖裝入袋中。（2010，作者攝）

至琉球時發現了南大東島，遂雄心壯志地開展對這座無人島的開發，特別是糖業的開發。南大東島的開發和糖業幾乎可以劃上等號，二次大戰結束前，掌控南大東島製糖業及行政自治權的就是玉置家族所屬的玉置商會，後改名為東洋製糖及大日本製糖。簡言之，當時該地是日本政府行政權限無法到達的偏遠離島，島上的自治權幾乎由製糖會社一手操控，是名副其實的「社有島」（會社所擁有的島），除了少數管理階層的公職人員外，島民幾乎都是製糖會社所屬的蔗農，島上的店家、學校、郵局、交通也都由會社所把持及營運。一九四六年美軍開始統治沖繩，擺脫由製糖會社操控全島的壟斷局面，一九五〇年改名成立大東糖業株式會社，直到現在仍是南大東島最主要的產業。

製糖業勞動人口短缺的問題，在南大東島特別嚴重，究其原因，除了**地處偏遠**、**海中孤島**等地利條件極端不佳外，還須考量的是，**該區蔗糖業的規模極大**這個因素。一九七〇年代初期，南大東島的蔗農數約有三百一十二戶，總耕地面積一千九百零五公頃（一公頃＝一萬

昭和四十二年一月，臺灣的季節性女工剛抵達南大東港口。翻拍自『南大東島開拓百周年記念誌』（2001）。

平方公尺），平均每戶面積約六公頃多，而當時全沖繩蔗農的平均耕地面積只有七十六公畝（一公畝＝一百平方公尺），可說是天壤之別；且南大東島平均每戶蔗農的年收入約二百三十萬日元，但超過三百萬日元的蔗農就有六十戶，幾乎占了全數的二〇％。大規模蔗糖業的發展需要機械化，但在甘蔗採收尚未機械化的年代，人手不足是一個每年都令蔗農憂心不已的嚴重問題。[2]

此外，研究沖繩離島經濟與人口移動的平岡昭利（一九七八、一九九二）提到，南大東島製糖業的勞動力是被「當地人口的移出」與「外籍勞工的導入」兩股相反的形態所牽動。依據《南大東村誌》（一九九〇）的記載，甘蔗栽培需要很多的勞力，二次大戰之前，每當甘蔗的採收季節，從沖繩本島大約有八百名左右的勞工進到南大東；二次大戰結束後，隨著糖業的復興，島內的勞動力根本不足，每年製糖期一到，各戶農家的代表就忙著出去找勞工，從沖繩本島、久米島、伊是名島、宮古島各地募集工人來砍蔗。到了一九六〇年代中期，日本進入高度經濟成長，加上越戰戰事升高，

臺灣女工剛抵達南大東港（野原康功提供）

沖繩順勢發展基地經濟，吸引了大批農村人口外移，南大東要引進沖繩境內勞工來島愈來愈難，不得不開始招募沖繩以外地區的勞工。昭和四十二（一九六七）年一月三十一日開始引進臺灣勞工，長達六年期間，每年約五、六百名來南大東，最多時曾超過七百名，男女都有，男工多在糖廠，女工在蔗園。

一九七二年九月日本與中國建交、和臺灣斷交，南大東無法再引進臺灣勞工，但之後仍有臺灣人以偷渡或觀光簽證的名義前往工作。雲林出身的菊池秀子，是南大東唯一的臺灣媳婦，嫁過來時是一九八〇年，因有人密告臺灣女工十五人偷渡來砍蔗，她還被警察找去當問訊時的口譯。

菊池秀子（右）和她的先生菊池寅男（左前）（2010，作者攝）

無法引進臺灣工人，加上島內極端的勞力不足，致使昭和四十八（一九七三）年製糖期長達一百五十九天，原本從年尾到隔年四、五月的甘蔗採收時間，不得不拉長延至七月，甘蔗的甜味變薄，也減損製糖的品質，最後導致四千噸甘蔗放棄採收。為了解決勞力不足的問

南大東製糖期蔗農家勞力僱用概況

區分 年代　性別	自家勞力		國內勞力		外國勞力		合計		
	男	女	男	女	男	女	男	女	計
1966-1967	353	148	340	6	33	353	726	507	1,233
1967-1968	303	140	227	16	17	528	547	684	1,231
1968-1969	274	116	141	13	23	671	438	800	1,238
1969-1970	251	114	59	4	43	685	353	803	1,156
1970-1971	243	142	53	4	95	487	391	633	1,024
1971-1972	239	146	42	1	21	415	302	562	864
1972-1973	385	241	0	0	0	0	385	241	626
1973-1974	320	235	61	1	4	180	385	416	801
1974-1975	268	199	93	3	7	267	368	469	837
1975-1976	246	168	149	10	6	193	401	371	772
1976-1977	226	158	25	8	12	131	263	297	564
1977-1978	263	161	144	24	0	0	377	185	562
1978-1979	292	154	100	8	0	0	392	162	554
1979-1980	269	167	31	1	0	0	300	168	468

作者製表

資料來源：『南大東村誌』（1990），頁 556，南大東村：南大東村役場。自家勞力是指南大東島人，國內勞力主要是指其他沖繩諸島的人，外國勞力從 1966 年起至 1972 年是指臺灣人，1973 年起至 1977 年是指韓國人。

題，南大東於一九七四年一月開始引進韓國勞工，由公家機構而非民間主導，以女工為主，每年約兩百名左右，招募條件和臺灣人差不多，但首爾—那霸來回機票較貴，且募集到的幾乎都是沒有經驗的砍蔗工，不像臺灣女工那樣具備純熟的技術，但基本上也算努力。根據《大東糖業三十年》（一九八二）的資料，南大東從昭和四十九到五十二（一九七四至一九七七）年引進韓國勞工，日本勞動省曾抱怨，沖繩境內失業者這麼多，卻還引進外勞。後來蔗農與糖廠合作推動機器採收，所需成本是人力採收的三分之一，確實解決了長年勞力不足的問題[3]，到了昭和五十四（一九七九）年因失業人口的增加，南大東全面終止引進外勞，只能僱用本勞。

幸地清秀（2010，作者攝）

我在二〇一〇年二月和二〇一九年一月兩度飛往南大東島，正值忙碌的製糖時期，訪談了和臺灣女工有過直接接觸的當地人約四十名，主要是曾僱用過女工的蔗農及其子弟，還有管理女工及蔗農雙方的勞務對策委員、招募女工來島的勞務募集委員、做女工生意的店家，以及間接聽聞女工軼事的島民，如糖廠員工、村史編纂者、民宿老闆娘等，透過他們的回溯，去貼近島民對女工的記憶。有兩件事值得注意，一是蔗農及其子弟提供了不少保存多年的信物、老照片和旅臺手稿，毋庸置疑的，這些圖文資料和訪談資料互相佐證、相得益彰。

還有，某些受訪者具備多重身分，他們更能見證這段歷史的發生與意義。前章出現的宮平昌，身兼蔗農、南大東村農業協同組合監事、議員、勞務募集委員，曾兩次到臺灣招募工人；幸地清秀本身也是蔗農，僱用臺灣工人，擔任過南大東村議會議員、勞務對策委員，曾八次來臺招募工人。以臺灣移工馮田的信件為例，他是大林仲介簡怨的助手，其妻薛做也是移

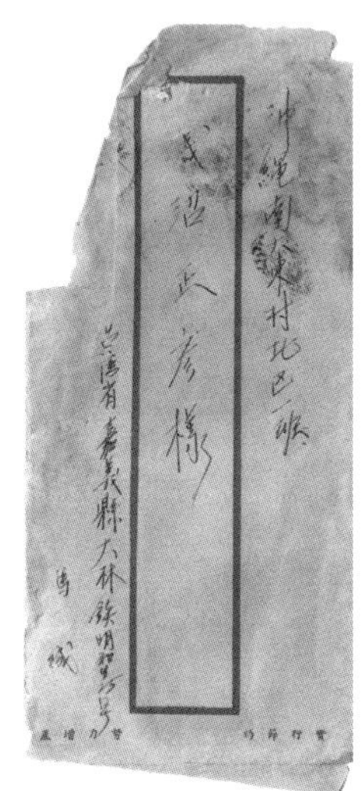
沖繩南大東村[illegible]
浅沼正彦様
台湾省嘉義縣大林[illegible]
馮[illegible]

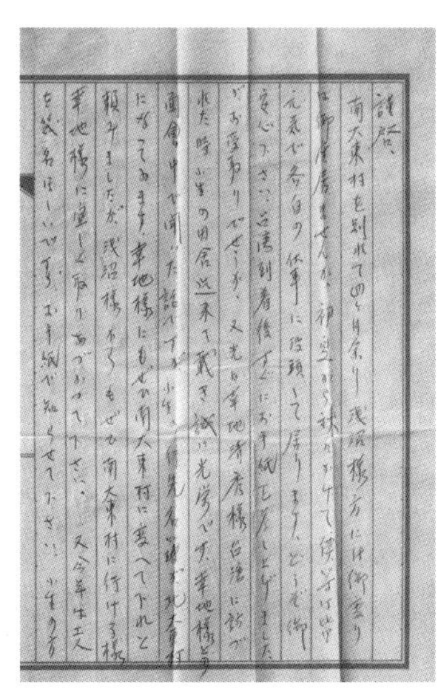
謹啓、
南大東村を別れて四ヶ月余り浅沼様方には御変り
は御座居ませんか。[illegible]から秋にかけて僕等は[illegible]
元気で各自の仕事に[illegible]して居ります。どうぞ御
安心下さい。台湾到着後すぐにお手紙を差し上げました
がお受取りでせうか。又先日幸地清秀様台湾に訪ね
来た時小生の田舎迄来て戴き誠に光栄です。幸地様
[illegible]
になってをります。幸地様にもぜひ南大東村に来へて下れと
頼みましたが、浅沼様からもぜひ南大東村に行ける様
幸地様に宜しく取りあつかって下さい。又今年[illegible]
[illegible]

臺灣移工馮田寫給淺沼正彥的信，信中第六行有提到幸地清秀。（淺沼清提供）

工，一同赴南大東砍蔗；返臺後他寫信給原雇主淺沼正彥，明白表示希望隔年還分配到淺沼的家裡，信中就提到幸地清秀。

> 離開南大東村有四個多月了，家人都好吧，從初夏到秋天，我們賣力地投入在各自的工作，請放心。回到臺灣後就馬上寫信給你，是否收到了？幸地清秀來臺時到我家來，我感到非常榮幸，聽他說名冊上寫我今年要去的是北大東村，我拜託他幫我們轉到南大東村，也希望你能請他協助幫忙我們移轉。今年你希望招聘幾位工人？請寫信告訴我，我會找年輕人過去，希望能到你家繼續工作，祝身體健康，再會。民國五十七年十月二十八日

在此，必須交代訪談過程及訪談資料的取得方式。

南大東島面積不大，人口稀少，二〇一九年一月一日止人口數是一三〇六人，人口密度是每平方公里四十二・八人[4]，一九六〇年島上最多時曾有三千人左右居住，要鎖定「和臺灣女工曾經有過真實接觸的島民」並不困難。他們對於我的到來，大多表示歡迎、驚奇和些許懷念，對島民而言，看過臺灣女工的身影已是四、五十年前的往事了。一開頭我的詢問

是：「您對臺灣女工留有什麼印象？」讓受訪者自然流露、侃侃而談，途中會提及臺灣女工和韓國女工的比較，這是為了瞭解島民眼中臺灣女工的特質而加入的設問；之後針對男性受訪者，會穿插對臺灣女工有無愛慕之類的話題，針對女性受訪者，也會問到是否耳聞女工與當地人或其他男工的情事。

從受訪者的口中清楚得知，臺灣女工的身影絕不只是女工二字而已。以蔗農家來說，他們和女工的日常接觸最多，多數的農家無法事先挑選女工，不知她們的來歷或素質，只能依蔗田面積及預估當年收穫量，提出申請所需的砍蔗工人數，然後再等分配到各戶農家。他們眼中的臺灣女工多樣且參差不齊：**年輕或年長、已婚或未婚、是否被蔗農家喜歡、砍蔗技術好或不好、抱持不同動機前來等**，各色各樣的人都存在。砍甘蔗是臺灣女工出國的合法名義，但也有少數人抱持其他動機來南大東，蔗農子弟伊佐盛和不諱言地指出，曾發生已經懷孕的女工，隱瞞孕身渡海而來，在島上生下小孩，他認為這名女工出國目的可能是為了賺錢，也可能本身對外國嚮往。少數年輕未婚不太會砍蔗的女工，來此地的動機令人好奇，或許想出國見識見識，

女工站在宿舍前留影（野原康功提供）

不會砍、不想砍，每天哭哭啼啼的人也不是沒有。

那麼，在合法引進臺灣工人的一九六七至七二年，乃至延伸到一九八〇年代初，她們到底是誰？如何拼湊出島民眼中臺灣女工的形貌？我擷取到**勤奮的砍蔗工、休閒時的異鄉客、節儉達人與消費者、生人及家人**四個身影，和沖繩媒體再現**上工與收工的她們、性幻想的投射對象、寄生蟲的高帶原者**相互對照，有重疊也有歧異，經由小心翼翼地抽絲剝繭，我讓這群在歷史洪流中淹沒的庶民重新出場，由此形塑臺灣女工更為豐富立體的形象。

勤奮的砍蔗工

受訪的蔗農及其家屬子弟都異口同聲地稱讚，臺灣女工砍蔗技術精湛，從早到晚勤奮努力、任勞任怨。當年還不滿二十歲的沖山恒久，對臺灣女工的砍蔗技術讚譽有加，他觀察女工砍蔗時多從甘蔗莖部的下半段一刀砍下去，對蔗農而言，這才算是技術！但從宮古島來的女工，則從莖部的上半段剉

池田浩（2019，作者攝）

斷，因為這樣操作容易，但對蔗農而其實是損失[5]，當時因普遍人手不夠，農家也不好吭聲。臺灣女工一人一天平均可以砍到一噸的甘蔗，日本人頂多只砍〇．五噸，效率真的很驚人。一九八三年進入大東糖廠、目前擔任取締役工廠長的池田浩，當時家裡有十公頃的蔗田，他回憶臺灣女工真的很會砍蔗，有些工人太會砍了，其實反而造成困擾，因為每戶每天有固定的出貨量和收成，臺車不會因為你多砍就來載運，工人太勤勞、砍太多也是麻煩，有些人就去其他蔗農家幫忙。值得一提的是，**和臺日斷交後引進的韓國女工相比，更能凸顯臺灣人真是勤奮的砍蔗工**，這也是許多受訪者一而再、再而三不斷強調之處。

首先，勤奮的重要形象之一就是很少休息。沖山回憶臺灣女工很拚命，從早到晚，下雨天也穿著雨衣出去砍蔗，一方面她們熟悉工作的內容和技術，而且來此的目的也很清楚，就是為了賺錢而來。對照後來的韓國女工未婚者多，一下雨就想休

淺沼宏德（2010，作者攝）

山下典子（2010，作者攝）

息，回國前都說不想再來了，但之後還是過來賺錢；臺灣女工已婚者居多，非常勤勞，下雨天照樣工作，回國時都說還要再來做。七十多歲的淺沼宏德是當地的大地主，蔗園面積很廣，曾同時僱用十八名臺灣女工，也做過勞務募集委員到臺灣召募女工。他明確地說，女工沒什麼休息，就是想多賺，她們彼此合作自行分配，更有效率也賺更多。後來僱用的韓國女工都不能信任，不夠勤快，互相常吵架，還出現女工懷孕自殺的命案，弄得當地雞飛狗跳、雞犬不寧。臉上始終堆滿笑容的山下典子五十初頭，她的娘家是當地數一數二的蔗農，小時家裡每年都會僱十三到十五名的臺灣女工，她回憶這些女工有多麼勤奮，下小雨照樣出去工作，只有下大雨或糖廠洗車時才會休息。相對的，後來的韓國女工抱怨就很多，經常嫌提供的食物難吃、不好吃、不能吃，傍晚早早回到宿舍，不像臺

淺沼清（2019，作者攝）

沖山龍嗣（2019，作者攝）

灣和宮古島的女工賣命做到天黑才休息。

除了很少休息外，女工的認真態度也令人難忘。新城鎌佑已是白髮蒼蒼的初老男性，二十五歲母親剛過世時，他必須一人照顧兩萬五千坪的蔗園，每年僱用四到五名的臺灣女工，對她們勤奮工作的印象極其深刻。對於後來的韓國女工則頗有微辭，覺得韓國人喜歡說謊，謊報自己的學歷，經常批評蔗農如何不好，當時他也曾用簡單英語回罵。頗具威嚴架式的大東糖業株式會社社長沖山龍嗣，昭和十四（一九三九）年生，快要八十歲了，家裡蔗園約十七公頃，每年僱用十位左右的臺灣工人，男工搬運女工砍蔗。已是成年人的他發現，工人很認真，會把砍好的甘蔗綑綁得整整齊齊，讓他方便搬運，不像韓國人一樣弄得哩哩落落。

休閒時的異鄉客

那麼，收工後的女工到底是什麼模樣，以何種裝扮出現？卸下砍蔗女工的身分，她們做些什麼休閒娛樂？從幾位蔗農子弟提供當年拍下的老照片，我不僅捕捉到蔗農對待女工的態度，也瞥見女工在收工後放鬆的樣貌，主要是假日在當地的出遊、在蔗農家庭院的留影。

製糖期正奔波於甘蔗採收的淺沼清，昭和三十三（一九五八）年生，百忙之中特地拿出多張哥哥拍的女工照片，可能是回國前拍的，主要是在南大東的著名景點或新開闢的機場。

滿頭捲髮、宛如相撲選手的菊池寅男，昭和二十七（一九五二）年生，島上唯一娶臺灣媳婦的人（其妻為前文提過的菊池秀子），也是蔗農子弟，家裡曾僱用臺灣女工，他從舊衣櫃中找出兩張泛黃的黑白照片，拍照的人可能是他的姊夫，他強調臺灣女工幾乎不玩、也不想玩，只在回國前夕、農曆春節、糖廠洗機械休工時才有空，應該就是那時候拍下的。

玉那霸富士子（玉那霸フジ子）昭和二十（一九四五）年生，二十歲結婚，二十三歲時夫家僱了四名臺灣女工，她十八歲開始玩父親的相機，在夫家的庭院或屋內拍下很多女工的身影。

大城典一，昭和三十六（一九六一）年生，家中僱用臺灣女工時他很小，頂多七歲，還念得出閩南語的數字一二三，他也說照片或許是休假、要不就是回國前拍的。

從這些老照片來看，蔗農安排女工收工後的休閒活動，在許可的範圍內，她們似乎放

玉那霸富士子（2019，作者攝）

大城典一（2019，作者攝）

女工在大東神社，左前方的男工姓林。（淺沼清提供）

女工在日之丸山。（淺沼清提供）

女工在龜池港（淺沼清提供）

淺沼清的哥哥帶女工參觀機場。南大東機場一九六八年才開放，女工並沒有搭過，當時是搭船來回。（淺沼清提供）

菊池寅男的母親（前蹲者）和七名女工在庭院合照（菊池寅男提供）

當地男性休假時開車載四位女工上觀音山（菊池寅男提供）

鬆、放慢不少，至少**從服裝**、**姿態**、**空間**、**與蔗農的關係**等四點可以捕捉到。服裝上卸下砍蔗的工作服，女工多數穿迷你裙、短裙、洋裝甚至中式旗袍現身，也有著褲裝，或為了拍紀念照，特意穿日本浴衣入鏡。姿態上女工或坐或立優雅現身，撐傘擺出撩人姿態，露出淺淺微笑。空間方面女工不是在蔗園，而是在南大東的著名景點（大東神社、龜池港、日之丸山、觀音山）或新闢的機場、蔗農家的庭院等場所出現。女工與蔗農的關係，或許為了拍紀念照，所以蔗農的家人包括一家之主、婦女、小孩都會入鏡。

節儉達人與消費者

對島民而言，臺灣女工除了是勤奮的勞動者外，還有一個共通特質：節省，透過食材的省吃儉用和肥料袋的物盡其用兩點來闡明。

首先，最常聽到蔗農及其子弟說的是，女工對於餐費和食材極端的節省。沖山說女工都很省，蔗農給她們一天的餐費是固定的，但她們都努力存下來，盡量吃得簡單，認為多出來的錢也算賺到。同樣的，新城家中僱請的女工也是省，每個月固定給她們的食材費都省下來，說要存錢帶回臺灣。但對蔗農家來說，這筆錢不是要她們拿回國的，如果女工沒體力、沒健康無法工作或導致效率不佳時，對農家而言損失更大。臺灣人**不僅在菜錢上節約**，**連食**

玉那霸的公公和女工合影

玉那霸（右）與女工合影，當時的她二十三歲。

玉那霸年輕時拍攝的臺灣女工身影

玉那霸晚上去叔叔嬸嬸（中二位）家喝茶聊天時拍的，旁邊都是叔叔家僱用的臺灣女工，背對鏡頭的是負責搬運甘蔗的沖繩男工。（本頁照片皆由玉那霸富士子提供）

大城家僱用的八位女工。

去大城家工作的女工

大城的母親（右二）與妹妹（前方小女孩），與女工合影。

大城典一的妹妹和女工，妹妹當時大約五歲。（本頁照片皆由大城典一提供）

物、食材本身也想盡辦法帶回臺灣！雇主買鮪魚給工人加菜，臺灣人把魚頭留下來醃製再帶回國。說話慢條斯理、連皺紋看起來也很慈祥的金川信，昭和十（一九三五）年出生，家裡最早請臺灣女工大約是昭和四十二年，她從食材和點心想起了女工的極儉之道。

三餐是她們自己做，晚餐是鹹粥（おじや）的飯菜混合，吃得很節省。我先生一口氣買了五十幾顆蛋，煎給年輕貌美的女工吃，也會拿水果罐頭或雞肉給她們，有些人可能是貧血不舒服頭暈。早上十點和下午三點是點心時間，我會拿餅乾，偶爾也拿小柑橘的罐頭給她們，但女工居然通通不吃省下來，全部帶回臺灣。（金川信，女，八十四歲）

山下典子發現臺灣女工都很省，每回拿料理食材給她們時，都說「還有，還有，不用沒關係！」絕不浪費。典子的父親晚上會去海釣，當地有一種叫薔薇帶鰆（インガンダルマ）的夜行性深海魚，禁止販賣

臺灣女工休閒合照（野原康功提供）

但允許自給自足。父親通常只吃魚身，魚頭部分就會扔棄，臺灣女工把魚頭揀來煮食，這種魚吃多了皮膚表面會排出油分，味道很臭，或容易引起肚瀉腹痛，女工偶爾會覺得不好意思，但知道此乃珍貴稀有魚肉，也就不以為意了。

對島民來說更有趣的是，**省錢達人此一形象竟然和採草相連接**。奧山博子，昭和十四（一九三九）年出生，是電器行老闆娘也兼賣些成藥，當時不少臺灣女工會去光顧，發現她們絕不奢侈（相反的，她就曾聽說韓國女工常喝牛奶），不時出去採野草、藥草、木耳來吃或煮成藥湯來喝，女工覺得天然食物對身體好，但基本上奧山認為，女工還是因貧困而節省。其他受訪者也強調臺灣女工採草藥的真本領，伊佐、淺沼、原野、山下、玉那霸都知道，家中僱的女工空閒時會去海邊摘野草、枸杞、薄白磯松、枇杷葉、木耳、犬酸漿等，南大東島本身就是野菜藥草的天國，女工把它拿來當食材炸天婦羅，用桑葉來洗澡或煮來喝，甚至曬乾做成中藥帶回臺灣。整體而

金川信。她的後方是當年的砍蔗工宿舍。（2019，作者攝）

言，島民認為女工此舉是為了節省菜錢，但對於女工具備野菜、藥草的豐富知識，還是感到嘖嘖稱奇，因為，多數的南大東人並不覺得那些藥草可以做菜入菜！

除了節省食材外，肥料袋也物盡其用。聲音低沉頗有磁性的照屋林伸，昭和二十六（一九五一）年生，他說女工把二十公斤裝的白色肥料袋洗一洗帶回臺灣，通常砍完甘蔗後會開始施肥，這種袋子布料堅固，在南大東一般人把它剪開拿來遮陽或做帳篷、窗簾等用途，畢竟當時這裡也不太富裕。同樣的，大東糖廠常務取締役事業所長新垣好伸，昭和三十一（一九五六）年出生，小學時家裡來了三名臺灣女工，女工要扛著二、三十公斤裝的肥料袋在田裡施肥，麻布袋很堅固，袋上的紅白細繩也很堅固，女工通通把它剪下來收好，袋子、繩子全部拿回臺灣，真的好節省一點都不浪費，徹頭徹尾物盡其用。

不過，臺灣女工並非只知節省，她們也有展現消費能力的一面，成為當地店家歡迎的客源。沖山回憶說，通常要等到糖廠清洗機械停工時，女工才能休息，以前洗機械的時間是固定的，所以她們的休假也是固定的，二十

奧山博子（2010，作者攝）

天清洗一次，她們就二十天才休息一次，那時女工會抽空去買買東西，街上變得熱鬧，店家也有得賺。女工們回國前，佳麗寶的毛線、自動折傘、征露丸、曬乾的昆布、魷魚等是常買的紀念品。

來到奧山電器行兼藥局的女工，大多利用晚上才來家裡選貨，平日買中將湯、養命酒、命之母、武田合利他命等保健食品飲品，甚至有人要求要買皮下注射安瓶藥劑。回國前女工會買些電鍋和電熱水瓶，奧山記得有人買了很大的電鍋，可能是自己開餐廳做生意，可以煮三・六公升約二十人份的大鍋飯；更指名當時最夯的SONY收錄音機當回國禮物，還會嫌棄夏普（SHARP）或國際牌（Panasonic）品質不夠精良。雖說臺灣女工在節省中不忘消費，但她們的消費仍是有限，是非日常、非經常性的活動，只在休息或回國前夕才會從事，在島民眼中她們還是超級的省錢達人。奧山回憶，曾有臺灣女工拿戒指來換藥，就是以物易物，女工希望多拿些現金回臺，加上當時的現金就是美金，但沒多久換到的那只戒指就斷開了。她也發現，女工們會故意

新垣好伸（2019，作者攝）

把新買的電器產品包裝成二手貨或弄成已經開封使用過的，這樣帶回臺灣才可免稅，而且女工很會殺價，只有在買藥時比較節制不會亂砍價，她們可能認為藥品愈貴對身體愈好吧。

涼子的母親菊池政子開的與儀商店，在南大東島屹立了五十多年之久，當時她還只是個中學生，女工們白天在田裡忙砍蔗，都是晚上店家關門後約七、八點才來挑貨，而且不是從蔗園收工後直接過來，是吃完飯洗完澡、梳洗乾淨穿戴整齊後才來，回國前會買些紀念品，平常偶爾也來逛逛。涼子會把女工要的東西放在主屋十二疊的榻榻米上，有資生堂的化妝品、保養品及救心丸等。女工的皮膚都很好，白白淨淨水水嫩嫩的，懂得護膚，很多人買資生堂的面霜乳液，自用或送人都有。菊池政子

涼子的母親菊池政子（2010，作者攝）

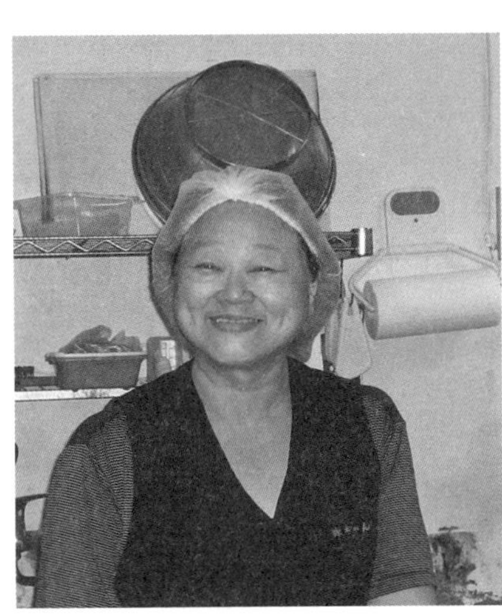
菊池涼子（2019，作者攝）

已經臥床多年，昭和八（一九三三）年出生，對臺灣女工的印象就是認真賣力的工作，當時島上沒什麼店家，她的店是資生堂用品的專賣店，招牌、看板、櫃檯前幾年才剛換過，資生堂的化妝品保養品一直是臺灣女工的最愛。她說女工很會照顧肌膚，去砍蔗時從臉部到手臂都會包得緊緊的，南大東當地的女性也開始學習她們的防曬工夫，而她也學會了些臺語，比如「嘸」、「多謝」，還有「養命酒」、「資生堂」。

生人及家人

多數臺灣女工和蔗農住在同個院子或不遠之處，但彼此也只是熟悉的陌生人，從**蔗農對女工生活飲食習慣的不解**、**對異文化溝通態度的冷熱**、**對女工身體容貌的垂涎**等三個方面來做說明。首先，是生活飲食習慣的差異引發的不解與誤解，譬如，「臺灣女工講話聲音很吵，已經晚上九點，很多人還在洗衣服聊天，也差不多該睡了。」「為何工人喜歡在庭院和戶外吃飯，明明室內就擺有餐桌。」「女工從臺灣帶來醃過的小黃瓜和筍乾都很好吃，但類似義大利香腸（サラミ）的食物就不敢領教了。」口齒清晰的仲田鶴子（仲田つる子），昭和十二（一九三七）年出生，她快語而平靜地說，當時娘家有八公頃的蔗園，請了一位臺灣男工及三、四位女工，她幾乎每天都回娘家，印象中對女工比較不解的行為是：

我父親給她們工錢，要女工自己去分配，但兩人吵架吵到不去砍蔗，說五塊錢要怎麼分呢，父親當然也生氣了，女工怎麼為這種小事而罷工斤斤計較。韓國人確實比較強悍高傲，好像也不是農村出身，但我對韓國人沒有偏見，我家來的韓國人懂些日語，我還記得他們的姓名，但臺灣人的姓名我都記不得了，可能是比較難發音吧。女工常去摘藥草來入菜做料理，比如拌菜（和え物），可是很多藥草是有苦味的，我吃不習慣。（仲田鶴子，女，八十二歲）

其次，是面對異文化的處理態度因人而異，有的熱情有的冷嘲。黝黑健壯、每天仍在工作的野原康功，昭和十六（一九四一）年出生，笑說雖然和

仲田鶴子（2019，作者攝）

野原康功和他的妻子（2019，作者攝）

女工語言不通沒有翻譯，但比手畫腳雞同鴨講，還是勉強可以理解。他說自己不太仰賴口譯，喜歡與人直接溝通，運用各種身體語言，無論是講方言或外語，雖然發音很破但沒有關係，能面對面交流比較有趣，順便講講笑話放鬆心情，他還記得臺灣女工說的「斤盪」（閩南語：很重），「都嚇」（閩南語：謝謝）。可是，並非所有雇主都如野原一樣願意溝通，高齡八十一歲的系數苗子坦言，和女工之間沒什麼交談，不懂彼此的語言，頂多打招呼或簡單回應，她露骨地表示，對臺灣女工衛生習慣的不滿，先是欲言又止、轉而氣呼呼地說：「**拿同一個臉盆來洗內褲、洗青菜，那是在臺灣的習慣嗎？**」後來她有提醒女工注意，不要用同一個臉盆洗這兩種東西，女工才停止這樣的行為。她說很遺憾，臺灣女工確實勤勞，但清潔方面真的有待加強。

系數苗子（2019，作者攝）

除了生活飲食習慣的不解、異文化溝通態度的冷熱外，臺灣女工的確是不少當地男性愛慕垂涎的對象，特別是未婚年輕又稚嫩的女工，和男性發展出不尋常關係者時有所聞。譬如，被男雇主誘騙到房間強暴，和其他男工或當地男性有曖昧行為，有的還因懷孕中途被遣送回國。淺沼宏德一邊回想一邊忿忿不平地抱怨，少數女工晚上會偷偷跑出去約會（還是賣春也不知道），第二天當然沒體力砍蔗，對蔗農家而言也算是損失。新城鎌佑從一開始受訪就非常大方地承認，他對臺灣女工極具好感，當時他也年輕又單身未婚，女工有的才十七、八歲都很不錯，某些女工會主動對他示好，生病時在身旁照顧他，甚至也和她們接吻或發生男女關係，但又很怕她們懷孕，可惜的是，終究沒有和臺灣女工成婚。年過六十歲仍一派瀟灑散發魅力的伊佐盛和，家中僱用臺灣女工時，他已是二十歲的成年男子。他說男工負責搬運，他也一起幫忙做，需要耐力而非體力的砍蔗則由女工從事；放假時他負責開車送女工去看電影，大家都很開心。他不諱言地坦承，當時雖然已經有要好的女朋友，**還是會對這些女工有點興趣，甚至產生某些無可厚非的性幻想**。大東糖廠員工宮平清，家裡的蔗園約十二公頃，當時還是小學生的他能幫的有限，就是曬月桃的葉子。他略帶含蓄地坦承，自己常和臺灣女工一起洗澡，因為由他負責燒水生柴火的工作，做完後就一起洗了，而且浴室沒有分開，臺灣人和雇主都在同一間。

對蔗農而言，臺灣女工既熟悉又陌生，在親熟—陌生的互動中，**擬似家人**是另一種可能

宮平清（2019，作者攝）

的關係。

女性受訪者屢屢強調和臺灣女工彼此宛如家人般的情誼，特別是展現在**食材的提供**、**料理的交流**、**生活起居的問候等方面**。蔗農把女工當成自己的姊妹或女兒來看待，是女性相互依賴充滿情愛的表現，對於那些年幼或青春期的蔗農子弟來說，女工的存在，是他們成長記憶的重要部分。山下典子當年還是年幼的蔗農子弟，女工住在和自家共同庭院內的宿舍，只是不在同一個屋簷，女孩就近觀察她們的日常生活，和女工有真實的互動，地點不是揮汗如雨的蔗田，而是自家的庭院、屋內或女工宿舍。典子對女工的回憶很多、很深刻，她感性而滔滔不絕地說，女工如何疼愛她，和父母像家人般地互動，父母每個月在家舉辦「營養會」或「慰勞會」，準備豐盛的美食犒賞臺灣女工的辛苦，雖然她們五音不全日語不太靈光，也在餐會上賣力唱日本歌、自娛娛人。女工都叫她父親「頭さん」（閩南語：頭家），遇到天氣寒冷或下霰時，母親會先在屋內升火，等她們下工回來就可以馬上取暖。

> 她們常用麻油炒菜，很香很好吃，負責燒菜的女工總會叫我「呷飯啦，典子！」我對臺灣女工印象非常良好，**她們的存在**，**是我童年少年時期非常重要的記憶**。一九七二年之後，知道她們不能再來時，我很難過地一直問父母：她們為什麼不來了呢？每次她們回

> 臺灣，我都會去港口送行，邊送邊哭看著船開走。……
>
> 有時候，我會去她們宿舍做功課，女工們也順便學點日語，星期日我不用上學，會去宿舍找她們玩，我沒有姊姊，所以都把她們當成自己的姊姊，還跟她們一起在蚊帳裡睡覺呢！
>
> 有個臺灣女工和當地日本男工發生戀情，後來未婚生子，他們約會時，我還曾經去當過電燈泡……回國後她們曾寄椪柑、蜜餞來給我父母，這是島上很希罕的食物，我拿到學校請小朋友，感覺很得意呢。（山下典子，女，五十二歲）

淺沼汎古已年過七十，她不疾不徐地回憶說，自家蔗園面積很大，最多時僱用了十八位臺灣女工，她覺得未婚者通常比已婚者較勤快，能做且肯做，彰化出身的美玉都暱稱她「姊さん」（姊姊），仍保持聯絡，每次到那霸都還會打電話來。當時還沒有冰箱，她經常會送女工自己醃的鹹豬肉或魚類蔬菜當食材，也送魚壽司給她們吃，女工都很高興，什麼都吃從不挑剔。

玉那霸富士子二十三歲時夫家僱了四名臺灣女工，當時大女兒出生才五個月，女工偶爾來看看幫忙帶小孩，彼此很像「家人」。當女工要返國時大家都抱在一起痛哭，沒有人第二年再過來，夫家好像也沒去申請讓同一批人再進來。重感冒尚未痊癒的她，有氣無力慢慢說出：「婆婆會做甜甜的炸物點心（砂糖てんぷら）給女工嚐，和茶一起配著吃。我吃了不少有趣的臺灣料理，小魚乾和蒜頭一起熱炒高麗菜、空心菜或其他野菜，這道菜不用放肉也很好吃，到現在我還常做。我偶爾也會煎鯖魚、小魚給她們吃，或是麵線和鰯魚、韮菜一起拌炒（そうめんチャンプルー）。」

將女工當作自己女兒的伊佐絹（伊佐キヌ），已高齡九十四歲，雖然佝僂著背卻仍是耳聰目明，指著泛黃照片中的七名女工，清楚記得中間笑得很燦爛的三人來自雲林，當年都還小也未婚，三年連續來家裡砍蔗。伊佐不斷強調，彼此就像「家人」一樣，照片是甘蔗採收結束後在家舉行的慶祝餐會，大伙坐在榻榻米上用餐，桌上擺著沖繩**當地著名的水果飲料「バヤリース」**，**是考慮到年輕女工可能不勝酒力吧**。

淺沼汎古（2010，作者攝）

善體人意的仲田鶴子，其經驗是食物和衣物的分享，她強調從臺灣人身上學到很多，女工把小柑橘切了用糖醃製，說可以治咳嗽，也會把蔬果種子如柑橘、向日葵、南瓜炒乾後送給家人當零食吃。有位女工已經懷孕三個月還來打工，肚子愈來愈大，仲田很想幫她，就轉送自己之前的孕婦裝，當時她已生了五個小孩，那些衣服用不上了，她也告訴其他臺灣女工要好好照顧這位同鄉、分擔砍蔗工作。此外，婚前上過洋裁學校的她常常幫女工補衣褲，大家都很高興，不用花錢買新的，補好了穿起來工作也方便。

還有，透過蔗農保存女工留給他們的**照片，包括大頭照、沙龍照、返國後寄來的結婚照以及信物**，可以推測出蔗農和臺灣女工之間親熱的互動。

玉那霸富士子秀出女工的沙龍照，都是她們返臺前主動送給頭家和頭家娘當紀念的，她指著五位從臺灣帶照片過來的女工，綠衣這位是玉那霸娘家僱用的臺灣女工，彰化二林出身。（參本書一〇一頁左下圖）

左：伊佐絹（2019，作者攝）
右：伊佐絹（中間最後方）在甘蔗採收結束後舉行的慶祝餐會，桌上擺滿了沖繩著名的水果飲料。（本人提供）

移工返臺後寫給雇主的書信也值得回味。淺沼清拿出快要被蟲蛀掉、皺巴巴的泛黃書信給我，來自嘉義大林、雲林大埤、彰化市的女工寫信給他的父親淺沼正彥，其中許月女寄來的兩封筆跡全然不同，我推測這些日文信可能是移工請他人代筆的。信的內容大同小異，主要傳遞的訊息是：**對蔗農的感謝，返國後報平安，強調和蔗農彼此像家人，稱呼頭家爸爸媽媽或哥哥，歡迎他們來臺旅遊，表達還想再去打工的意願等。**

左：玉那霸收藏的女工證件照，這名來自彰化的中年女性懷孕來島，沒做完就提早回國。（玉那霸富士子提供）
右：雲林出身的女工羅秋紅返臺後，特別寄結婚照給伊佐絹留念。（伊佐絹提供）

嘉義大林許月女

離開後非常懷念，請放心我們在八號下午六點十分平安地回到故鄉臺灣，在沖繩時承蒙照顧，獻上我至誠的感謝，希望明年也和今年一樣可以到你們家工作。這段期間如果有

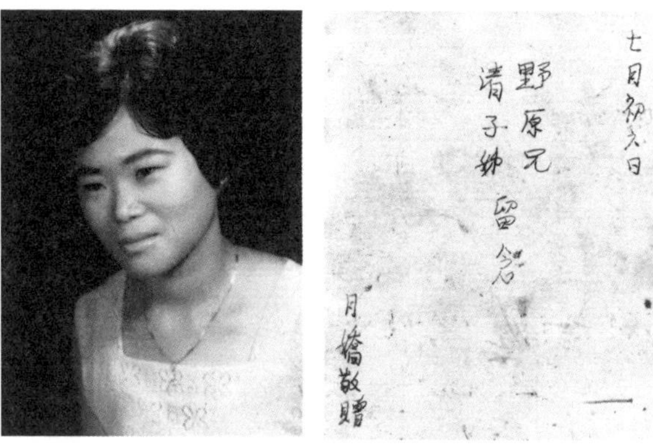

女工月嬌返臺後留給野原夫婦的沙龍照（野原康功提供）

玉那霸收藏的臺灣女工沙龍照，左下圖的女工叫林秀玉，出身彰化二林。（玉那霸富士子提供）

空，歡迎來寶島臺灣玩。再次感謝，再會。民國五十九年五月十三號早上七點

嘉義大林明和里未署名

日月如流水，離開已經十天了，相信你們都過得很好。託你的福，我已平安回到臺灣，請放心。我在沖繩停留期間，承蒙愛護非常感謝，今後也請繼續給我指導及照顧。最後我面向沖繩的天空，向你們夫婦致上最深的祝福，祝你們身體健康，有空的話希望你和孩子一起來臺灣玩。

嘉義大林林秋娟

時間過得很快，轉眼之間已經離開五天了，我們是六號出發八號晚上平安回到故鄉臺灣。在你府上三個多月承蒙照顧非常感謝，致上我由衷的謝意。我想念在你家的種種，非常難忘。臺灣愈來愈熱，南東島應該也很熱吧。如果你有休假，歡迎來臺灣玩，期待你的到來。藉這封短信我從遠方祝福你全家健康，再會。林秋娟敬上

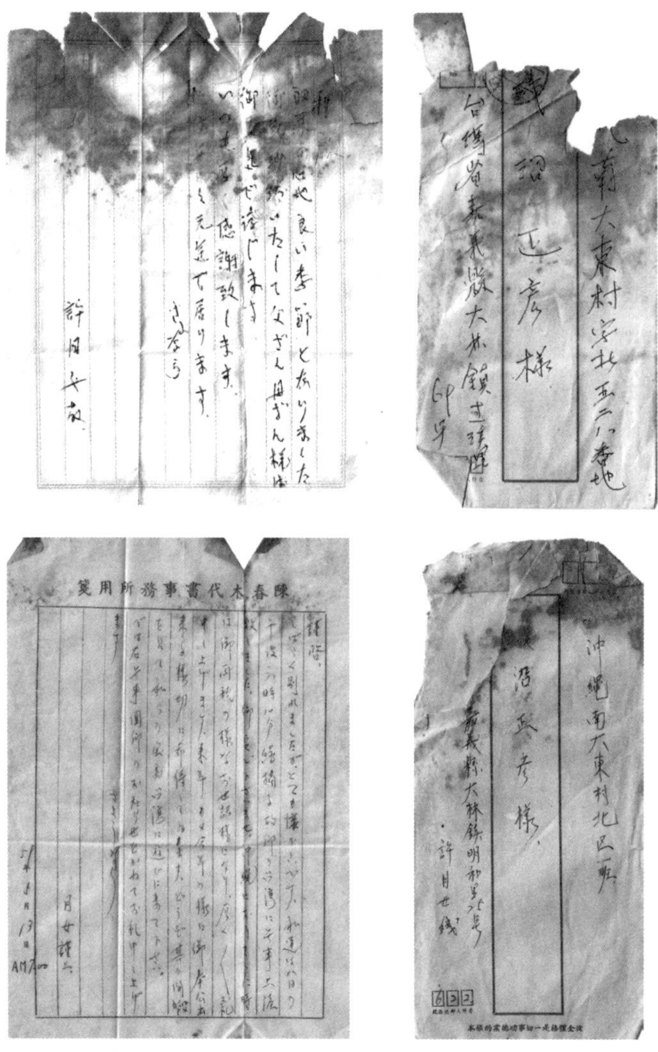

許月女兩次來信給淺沼正彥，兩封信的字跡不一樣，可看出不是她親筆寫，而是請人代寫的。（浅沼清提供）

彰化市蔡翠？

盛夏時節我從遙遠的臺灣問候你全家健康平安，在你府上工作期間承蒙照顧，四個月時光飛逝，大家都對我很好，也把我當成家人看待，這份恩情永生難忘。五月二十八日我到北大東工作了一個月，六月二十九日回臺，託你的福七月一日平安抵達，敬請放心。回臺後我告訴父母你們如何地疼愛我，他們也很感激你。如果有空請和家人來臺灣玩，期待你們的到來。有空寫信給我，在此獻上我的謝意。ます子

雲林大埤劉素柑

爸爸、媽媽、哥哥你們好嗎，託你的福我已平安回到臺灣，最近正好是水稻收割的季節，這邊的氣候和琉球差不多，承蒙你們熱誠的照顧非常感謝，有空請來臺灣玩。我明年還想去，祝身體健康，再會。六月二十六日寄出

女工返臺後和蔗農的連結還是存在，不少蔗農曾來臺旅遊，安排與女工碰面重逢，有些未果、有些如願。野原康功一九七一年前後與姪子一起遊臺灣，從臺北入境高雄出境，由家中曾僱用的兩位女工當導遊，還到了女工的老家。

野原有記錄的習慣，從他旅臺時的手稿可以讀出，面對女工雪夜身體不適，流露出的深情款款。

> 二十八日 雪夜一早就沒什麼精神還一直哭，我要是懂臺語就好了，真的很遺憾。雪夜在南大東時太過操勞胃都搞壞了，現在住院中。早上我帶雪夜去醫院，之後就去臺中逛逛。晚上我去雪夜住的醫院探視，她似乎很累還在休息，但比早上要好點兒了。明天早上我打算去醫院，但今天四點的火車要去臺北，車票昨天就買好了。四點十分。

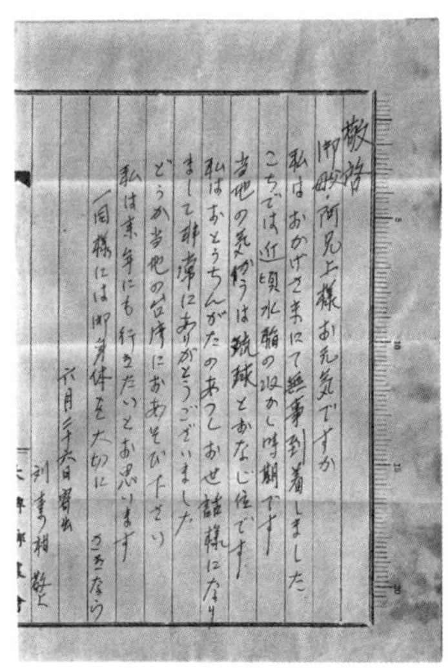

敬啓
御母・阿兄上様お元気ですか
私はおかげさまにて無事到着しました
こちでは近頃水稲の収かく時期です
当地の気候は琉球とおなじ位です
私はおとうちゃんがたのおせわ諸様になりまして非常にありがとうございました
どうか当地の台湾におあそび下さい
私は来年にも行きたいとお思います
一同様には御身体を大切に　さようなら
六月二十六日寄出
劉素柑 敬上

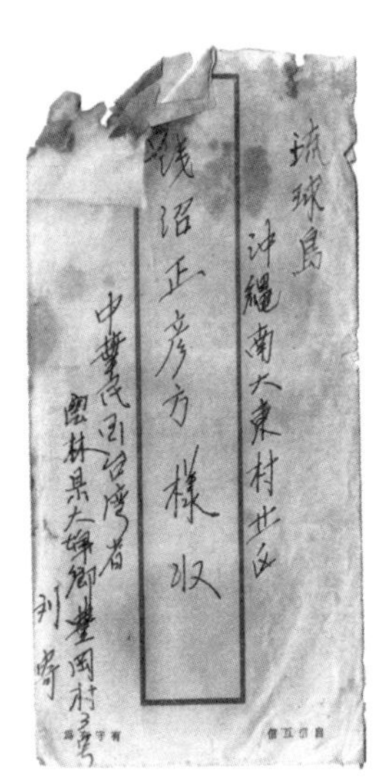

琉球島
沖繩南大東村
淺沼正彦方 樣收
中華民國台湾省
雲林県大埤郷豊岡村
劉寄

劉素柑寄給淺沼正彦的信（淺沼清提供）

透過兩次在南大東的調查及訪談，我慢慢拼湊出臺灣女工的四個身影，這和沖繩媒體再現上工與收工的她們、性幻想的投射對象、寄生蟲的高帶原者三個形象有些重疊，但也不盡相同，總結島民引頸期盼下的凝視之眼如下。

勤奮的砍蔗工

上工時的她們就是技術精湛、勤奮努力、任勞任怨，這和《沖繩影像》、《沖繩時報》再現她們是勤奮、有效率、技術純熟的勞動者高度吻合，但本章透過蔗農及其子弟口述對於臺灣人、韓國人及沖繩人（宮古島）生活態度和工作效率的正反評價，臺灣女工的能耐與成果更加脫穎而出，也讓人明白，她們之所以讓蔗農高度肯定、懷念不已的背後原因。

休閒時的異鄉客

從蔗農拍下的老照片可以清楚看到，女工休息時放鬆的身影，躍然紙上，我從服裝、姿態、空間嗅出她們與蔗農的可能關係，這與《沖繩影像》再現下穿原住民衣裳載歌載舞、晚間忙著寫家書、出席國慶晚會的女工相比，不僅有血有肉，更顯多樣而豐富。

節儉達人與消費者的共存

臺灣女工的重要特質是極端節省，展現在食材的省吃儉用和肥料袋的物盡其用，且「省錢」達人的形象又和「採草」相連接，讓島民嘖嘖稱奇。從菊池母女的敘事中知道，她們注

野原康功一九七一年時曾與姪子一起來臺灣旅行。圖為姪子（左）和女工在嘉義火車站。

野原拜訪女工的家。左邊是女工的哥哥，中為女工的母親。

野原遊臺灣時拍下的照片

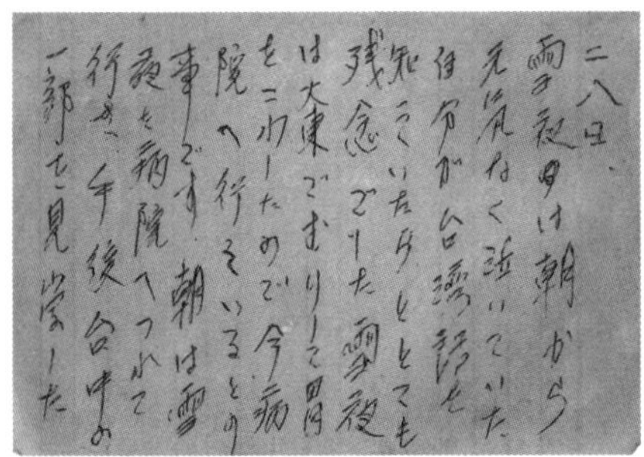

二八日、
雪夜は朝から
元気なく泣いていた
自分が台湾語を
知らないなとでとても
残念でした雪夜
は大東でおりして胃
をこわしたので今病
院へ行っているとの
事です。朝は雪
夜を病院へつれて
行き、午後台中の
一部を見学した

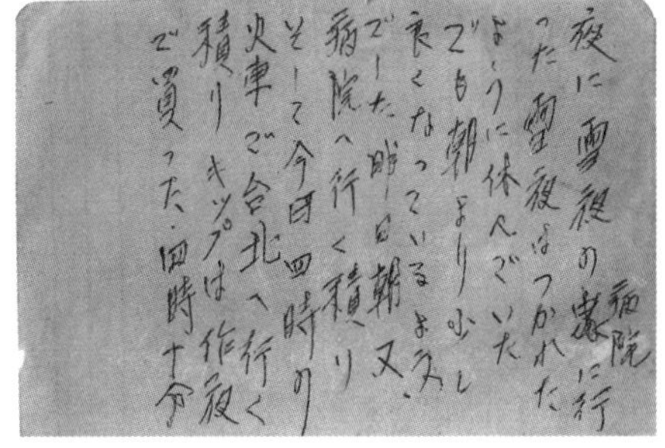

夜に雪夜の病院に行
った雪夜はつかれた
ように休んでいた
でも朝より少し
良くなっているよう
でした。明日朝又、
病院へ行く積り
そして今日四時の
火車で台北へ行く
積りキップは昨夜
で買った、四時十分

野原旅臺時的手稿（本頁圖片皆由野原康功提供）

意臺灣女工護膚防曬的工夫，這也是許多島民對女工的深刻印象，也是《沖繩時報》再現的臺灣女工。但不同的是，她們**在商言商，有機會與女工近距離的互動，看重買賣的實際行為並從中獲利**。此舉跳脫了〈魚群記〉的文本，撇開西成彥、朱惠足用後殖民的觀點解構臺灣女工的意義，女工的出現已無關再製或顛覆日本—沖繩—臺灣三者間的位階差序，對店家而言，她們就是一名實實在在的消費者，女工細白肌膚的價值就是能夠轉成交易和獲利，外加和異文化溝通的些許樂趣。

既是生人也是家人

女工和蔗農彼此是熟悉的陌生人，蔗農對異文化有所不解與誤解，面對的態度也冷熱不同，透過四位男性的敘說，推測臺灣女工的的確確是當地男孩、男人性幻想的投射對象，這呼應了小說〈魚群記〉的故事情節，真實上演。但異文化中男歡女愛、你情我願的浪漫成分或許更多，如果「女工晚上會偷偷跑出去約會」、「女工會主動對年輕雇主示好」，那麼沖繩男性是否就如西成彥、目取真俊所指稱的，是站在「加害者、歧視者、搾取者」的位置，很難論斷。此外，在親熟—陌生的互動中，「擬似家人」是另一種可能的關係，即便這個關係是彼此想像或營造出來的，女性受訪者強調和臺灣女工宛如家人的情誼，蔗農提供保存多年的信物、老照片和旅臺手稿等，都是佐證的資料來源。

這齣戲的女主角——大林的返回移工已在後臺等候多時，終於輪到她們出場了。

注釋

1《聯合報》一九九八年八月二十三日，八版社會傳真。

2 一九七三年二月二十七日『沖縄タイムス』「苦悩する離島　進む過疎　手さぐりの対策」

3 機器採收也有缺點，除了甘蔗的頭部、土壤、嫩莖等很多混雜物對於製糖過程的良品率（歩留まり）會有影響外，機械化伴隨焚燒蔗葉，也會導致土壤產生化學反應而惡化。

4 https://ja.wikipedia.org/wiki/%E5%8D%97%E5%A4%A7%E6%9D%B1%E6%9D%91（檢索日期：二〇一九年三月一日）

5 甘蔗採收時有所謂的低砍和高砍。低砍的好處：每畝多收原料蔗一二五至一七五公斤；有利翌年宿根蔗發芽出苗、均勻粗壯；有利於清除甘蔗螟蟲幼蟲在蔗頭上的越冬場所，減輕次年螟害。高砍的壞處甚多：減收，影響甘蔗產量；甘蔗有頂端生長優勢，高位芽先萌發，而抑制了下位較粗壯蔗芽的萌發，由於蔗苗細弱，給隔年宿根蔗的中耕、高培土等作業帶來困難，致使蔗根少生淺扎，容易引起甘蔗倒狀，造成減產；為甘蔗螟蟲創造良好的越冬場所，增加明年甘蔗螟害；容易感染病菌，使蔗芽失去活力，造成死苗；縮短宿根蔗的年限，嚴重影響產量。參考〈甘蔗砍收前後應注意的事項〉，https://kknews.cc/agriculture/8qoe6kq.htm（檢索日期：二〇二〇年六月十四日）。

第四章

嘉義大林　女工對沖繩的回望

> 「我總共了去南大東島五次，都是過年前去，快端午節的時候才回來。出國前要先去嘉義打針，當地人也怕我們帶傳染病進去。我們坐大臺遊覽車到基隆港，再坐船到沖繩，出發時我在基隆港等大女兒和女婿，哭得很傷心，人家說因為我哭得太傷心了，才吐得那麼厲害，一上船就有人發塑膠桶和臉盆，看著人家吐，我都不敢吃飯了。入境沖繩時，海關盤問了我快一小時，從出生地、兄弟姊妹、頭家是誰什麼都問，人家教我回答說：十年前來玩過，現在來幫忙砍蔗，會講點日語……我們沒有在船上過夜，直接就上岸了。」
>
> 海松，民國二十年生，不識字。她的個性開朗外向，經常穿著原色鮮豔的服裝，也常參與社區的各類活動。她選擇做自己高興且健康的事，剛開始學跳舞做健康操時，招來保守村民的閒言閒語，但也不太理會。她每每看到我，都很熱情地招呼問候，我幫她拍照時，她會有意識地擺出女性優雅的姿態。（田野日誌：二〇一五年六月十四日）

為了凸顯一九六〇至七〇年代沖繩諸島臺灣女工的多元身影，我不僅從南大東島島民的角度凝視臺灣女工，同時，也要從臺灣女工自身的立場出發，她們到底如何詮釋自己的跨國生命經驗、又如何回望這些島民呢？本章先簡述蔗園或農莊女工的相關論述，再說明女工對於旅地、旅程的看法之所以貧乏的原因，並以和善的頭家和不解的島民兩點來闡明女工對沖繩的回望。

我搜尋了蔗園或農莊女工的相關論述，做為思考及行文的指引，以掌握臺灣女工對於沖繩回望的意義，整理出幾個視角：從女工的處境著眼、從女工的反抗出發、強調女工積極的主體性建構。分述如下。

十六世紀中葉之後，西班牙、英國、荷蘭、法國等歐洲殖民勢力持續擴張，殖民者在其熱帶和亞熱帶殖民地廣建農園，種植甘蔗、茶葉、橡膠、菸草、棕櫚等作物；四百多年來，農園內的管理營運、主從、僱用，包括從奴隸制到奉公契約制（indentureship）、人際互動等，也因應時空變遷多有更迭。農園制度

海松今昔（左為海松提供，右為 2017，作者攝）

與空間中存在了跨國遷徙的女性移工，如牙買加的黑人女性奴工、千里達和斐濟的印度女工，這些低教育、低技術、被圈限在有限空間的女工，毫無選擇地被擺放在殖民與後殖民的歷史情境下，難以脫離殖民主義、種族主義、資本主義與父權制的夾殺。（Jain and Reddock, 1998）

女工如何面對這些制度的綑綁呢？史蒂芬妮・坎佩（Stephanie M. H. Camp，二〇〇三）描繪美國南北戰爭（一八六一－一八六五年）期間女性黑奴在農場的日常反抗，像無故缺席、偷竊、非法組織、破壞規矩、吐露心聲、逃跑等行為，作者希望跳脫二元對立的概念，諸如個人與政治、物質與象徵、組織性與日常性的反抗、適應與反抗等，去解讀女性黑奴反抗行動的可能意涵。還有，黛博拉・懷特（Deborah Gray White, 1999）試圖打破從白人信仰（Caucasian belief）衍生出來對蔗園女性黑奴的諸多刻板印象，像無恥查某（jezebel）、雜種（sambo）、白人小孩的奶媽（mammy）等，藉由女性黑奴的自我述說、南方白人的日記傳記等資料，還原農園中女性黑奴真實的日常生活、工作、家庭角色及女性網絡的運作，其目的是強調女性黑奴身處邊緣、邊境的世界之陰暗，但也不忘她們展現主體性的可能。

以更積極觀點凝視蔗園女工的是宮本夏樹（宮本なつき，二〇〇七），處理一九二〇年代夏威夷歐胡島（Oahu Island）甘蔗園的日本女性移民參與當地罷工的過程。該文指出，女性移民的相關研究雖然承認她們是一名勞動者、是薪資所得的擁有者，但大多只關注到女性在家庭中的傳統角色與貢獻，女性移民發揮的社會功能、參與勞工運動、工運中女性移民的位置等議題，並未受到太多的注意。女性移民不僅只為了家族犧牲奉獻，也非一味地服從權威，她們如何走出家庭，與外在世界做更有意義的連接，是作者凸顯的嶄新面向。

上述先行研究強調雇主—僱傭的權力落差，凸顯來自蔗園或農莊女工的反抗、乃至積極的主體性建構，這些角度捕捉到歷史中蔗園莊園女工處境的片斷。要問的是，反抗或主體性建構是否也曾發生在南大東島的臺灣女工身上？似乎沒有。當我問大林女工對於旅地、旅程的看法時，其回答是含蓄甚至略顯貧乏，和南大東島島民對臺灣女工的凝視（勤奮的砍蔗工、休閒時的異鄉客、節儉達人與消費者、生人和家人）相比，明顯平淡很多。為什麼？究其原因：**女工本身的背景條件使然，和女工在南大東島的實際生活有關**。

先來看看女工本身的背景條件。我於二〇〇六至二〇一一年、二〇一五至二〇一八年兩個階段，在大林訪談了二十一位返回女工。許多人彼此是老鄰居或具備血緣關係的親友，出國當時約三、四十多歲，正值壯年，赴沖時均為已婚。重返一九六〇至七〇年代保守封閉的臺灣社會，一位目不識丁的貧困農村已婚女性，要想長距離地向外移動，甚至漂洋過海出國，談何容易。她們來沖的主要目的，就是能在短期內賺到較多的錢，所有女工都是為了脫貧、改善夫家的經濟狀況而向外移出。且她們均為已婚，心繫臺灣的夫家及其子女；不識字也不諳日語，和當地工人或一般島民的互動，以比手畫腳、雞同鴨講居多，和頭家蔗農的溝通也很勉強，仍得透過翻譯或筆談。家住臺中的許哲夫，就曾擔任大東糖業株式會社的聯絡員及移工的口譯員。因此，女工強調在島上最快樂、最興奮的事就是領薪水，對於其他與此無關的人、事、地、景、物，似乎沒有太多餘心餘力關注，也或許根本沒有興趣。其次，這和女工在南大東島上停留期間過短、生活作息封閉等實際生活密不可分。她們在當地的時間並不長，通常是從年尾到隔年的四、五月這段時期，配合甘蔗採收與製糖的季節而停留，頂多五、六個月，少則二、三個月。且她們的生活作息封閉，一天的作息是在蔗園、宿舍兩地間來回穿梭，生活的絕大多數時間，都是和同樣身為女工的臺灣人綁在一起，朝夕相處。

從這兩點推知，**女工對於旅地中人物、事物、景物所**

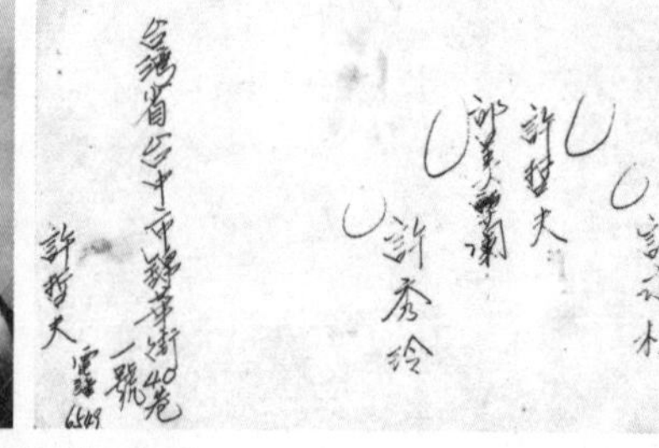

許哲夫曾任大東糖業株式會社的聯絡員及移工的口譯員。
圖為許哲夫寄給大城典一的父親大城高安的全家福照片。（大城典一提供）

產生的感受、感覺及感知，可能極其短暫而零碎。我從女工口中聽到的是：「日本人有禮無體，家人共浴是習慣，也不會害臊，我在頭家那邊撞見過幾次。」「當地人用蓄水池集雨水，不用井水，雨粒也很大顆；南大東島當地人換牙齒要到本島（稍有微詞！）」「那邊井裡的蟾蜍好多喔，但井太深所以也抓不到。我還看過剛抓上岸的大章魚，有斗笠這麼大，活碰亂跳，也算開了眼界。當地女人會隨地小便，可以看但不可以取笑她們，廁所沒有門，後來才搭了個門。我的頭家自己養羊，牽到海邊宰了，吃生羊肉沾芥末吃，我是不敢吃啦。日本人都是『跪』在榻榻米上，我們臺灣人還是習慣『坐』在上面……」還有，是對於旅程的記憶與感受。不同於早期出國者得忍受暈船的煎熬折磨，金葉是晚期才過去的，先坐飛機到那霸，再轉乘十八人座的小飛機去南大東島，來回總共四趟都是搭機，她說到了中正機場登機口看到長長的紅地毯時，既驚訝又興奮，才知道原來那就是登機坪了。出國帶來大開眼界的真實感受，這是難得從女工口中說出來的正向、強烈之經驗。

女工的這些異文化體驗，用浮光掠影、隨風而逝來形容，也不為過。接下來，我以和善的頭家和不解的島民兩點，說明女工對沖繩人的回望，看看能否呼應南大東島島民引頸期盼下的凝視，特別是節儉達人、休閒時的異鄉客、生人和家人等身影，以此檢證臺沖雙方存在的認知落差。

和善的頭家

女工們在沖繩停留期間主要看到的「外國人」就是蔗農，也就是他們的頭家雇主，但彼此的互動也是有限，女工的作息在蔗園、宿舍兩地間來回穿梭，宿舍通常就蓋在和蔗農家共同的庭院內或不遠之處，每天進出多少都會碰面。女工直率地說，宿舍是旅館改建的，房間和廚房都很大，比自己在大林三合院的土角厝還舒適；頭家蓋磚屋、草寮給女工，床是塌塌米；女工和頭家住同個庭院，頭家加蓋了工寮，供應水和瓦斯。既然生活空間如此靠近，那麼，女工到底如何觀察、如何感受蔗農的對待？女工比較有感覺的部分是：**蔗農對於平日的食材提供**、**起居問候以及收工後的休閒安排**，蔗農的關心甚至延續到女工返國前夕或返國之後。

平心而論，頭家提供平日的三餐食材和上下午的點心，並不吝嗇，這是女工回憶時眉飛色舞、侃侃而談的美好經驗。女工都是自己輪流煮食，可以推測，飲食生活是她們重度勞動後難得放鬆和喘息的片刻。看看平日的三餐食材，頭家抓會下蛋的土雞給她們加菜，偶爾請吃大餐慰勞一下，拿傍晚港口卸下的鮭魚頭、土虱魚頭給她們煮湯，把整桶的味噌送她們；

頭家娘拿種的蔬菜或豬肉給她們煮，過年時加菜，平常女工也會要求買豬皮，因為比較便宜。到了早上十點和下午三點的點心時間，頭家準備烤地瓜、餅乾、像甜甜圈的炸物，還有茶水；頭家娘平常會調製一大壺像養樂多的飲料到甘蔗田給女工解渴，準備餅乾茶水當下午點心；那邊的蘋果、羊羹、月桃葉上的糯米也都蠻好吃；下午的點心是咖哩麵，沒有碗可以盛裝，就用葉子當餐盤用，清潔衛生也都很好。玉蟬露出喜悅而肯定的表情笑說：「在南大東島下午都有點心，頭家泡好整壺咖啡隨你喝，**最棒的是酥酥脆脆的牛奶餅乾，回國前半個月我都捨不得吃，打包好回國後，分送那些來看我的村人和小朋友。**」

雪綢的頭家不錯，他幫忙買食材，然後再從薪水中扣除。頭家自己有條小船會出海釣魚，魚

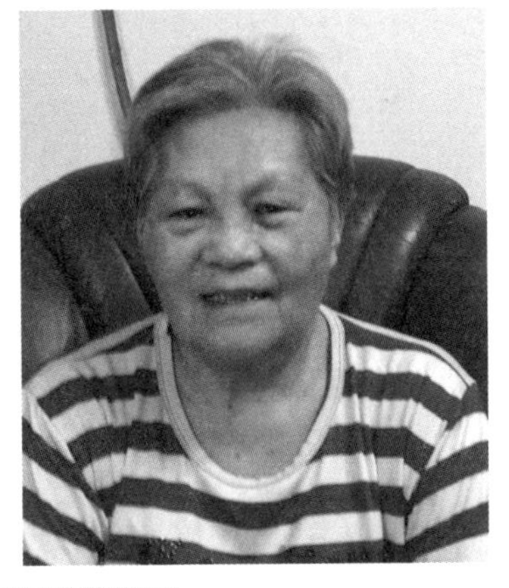

玉蟬今昔。左圖是玉蟬此生第一次也是唯一一次出國的護照相片。
（左：本人提供，右：2015，作者攝）。

頭送女工煮一鍋魚湯，是活跳跳的魚，吃都吃不完，也會準備點心，有花茶、咖哩飯、飯糰或壽司。楊卒和雪綢被分到同一個蔗農，她說當年就住頭家旁邊，頭家釣大魚或章魚回來，都會請女工吃生魚片，楊卒不敢吃，把魚頭骨頭煎一煎拿來煮湯，非常美味很有飽足感。女工中午回宿舍吃飯，拜託頭家幫忙買蛋和肉，頭家給一天三角美金的食材費，也準備炒麵、餅乾和茶當點心，怕砍蔗沒體力。這種對食材不吝嗇的提供，也延續到女工的返國前夕，不少頭家會宰羊請客餞別，她們也殷殷期盼那頓只放了薑母的羊肉大餐；回臺當天，頭家送每人一盒便當外加蘋果一顆，是當時最好、最稀罕的。

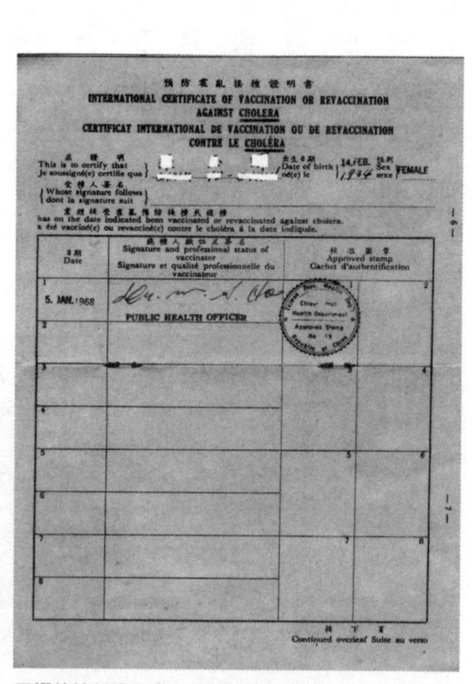

INTERNATIONAL CERTIFICATE OF VACCINATION OR REVACCINATION AGAINST CHOLERA

CERTIFICAT INTERNATIONAL DE VACCINATION OU DE REVACCINATION CONTRE LE CHOLÉRA

This is to certify that / Je soussigné(e) certifie que ______ Date of birth / né(e) le 14.FEB. 1934 Sex / sexe FEMALE

Whose signature follows / dont la signature suit ______

has on the date indicated been vaccinated or revaccinated against cholera.
a été vacciné(e) ou revacciné(e) contre le choléra à la date indiquée.

Date	Signature and professional status of vaccinator / Signature et qualité professionnelle du vaccinateur	Approved stamp / Cachet d'authentification
1 5. JAN. 1968	PUBLIC HEALTH OFFICER	1 Health Department Approved Stamp Republic of China
2		2
3		3
4		4
5		5
6		6
7		7
8		8

— 6 —

— 7 —

Continued overleaf Suite au verso

玉蟬的接種證明書。依規定當時的臺灣女工前往琉球必須施打疫苗。（本人提供）

從女工們細數頭家供應的三餐食材、上下午點心、返國前的大餐來看，這些食物對當時的女工而言，算是奢侈高檔的享受，因此能省則省、能變則變，甚至打包回臺，這也呼應南大東島島民對臺灣女工節儉達人的強烈印象，她們之所以如此極端的省吃儉用，實在是其來有自。

其次，頭家對女工的關心表現在日常的噓寒問暖，注意女工的生活起居。工人和頭家彼此稱兄さん（哥哥）、姉さん（姊姊），女工疲勞身體不太舒服，頭家知道後馬上送來提神補氣的食物；平常會燒熱水等她們下工，回來就可洗熱水澡；晚上太晚還沒回來，也會拿手電筒去蔗園關心是否安全，或睡前送清酒給女工，讓她們放鬆好眠。海松後兩年的頭家蔗田面積小，只僱了她和另外一名女工，頭家買衣服送她們，希望隔年再來砍蔗；農曆年當晚，讓海松打電話回臺灣，有時也會來

雪綢（2018，作者攝）

雪綢。翻拍自雪綢子女為她裱裝的農作照。

宿舍關心一下，頭家後來曾到大林。楊卒不會日語，早上看到頭家娘只會微笑，點頭打招呼，用日語說早安；請她幫忙準備鬧鐘，怕早上起不來；糖廠停工洗車那天才有休息；楊卒第二次再去南大東島時，雖然不在同一個蔗農家，原本的頭家知道她已婚有小孩，之後還包紅包給她。返國前夕，不少頭家都會致贈紀念品如大條床巾、或送個小紅包給女工。

楊卒（2015，作者攝）

然而，人心是多面複雜的，頭家與女工的關係平穩中仍有高低起伏。美音從臺灣帶項鍊到南大東島，後來都送給頭家娘；頭家娘叫她幫忙補衣服，她也照做；頭家娘的腳踝受傷，她主動關心用綠油精推拿，但也坦言：

> 有次頭家娘煮咖啡給我們喝，第一次喝咖啡睡不著，直到清晨才開始想睡，**但她不讓我們睡，要我們快去工作，準備好的豬腳和紅菜頭也不給我們吃了，這就是雇主「現實」**

的一面，畢竟我們是來工作的。我叫她お母さん（媽媽），她把我當成女兒，讓我打電話回臺灣，但電話費太貴，我不好意思打，返國前送我鞋子、帽子還有一套工作服，也送我很多當地的照片、她兒女的結婚照當紀念。（美音，女，民國三十七年生）

好奇的是，頭家和女工如何比手畫腳、雞同鴨講地溝通？多數女工都不諳日語，只記得日常生活中要用的單字，食材的芋頭（いも）、甘藍菜（キャベツ）、糖（さとう）、鹽（しお）、沒有（ない）、回家（帰る）等，這些都是為了溝通所需。頭家娘偶爾跟工人聊幾句，燒開水的茶壺叫「やかん」；人家教快要沒米沒鹽時，要怎麼跟頭家說：「これがない」，他們就知道了。寶珍的頭家很照顧臺灣工人，沒有欺負人的事發生。她不懂日語，剛開始完全聽不懂頭家在說什麼，久了之後雖然還是聽不太懂，但至少可以猜出他要女工做什麼。稍微會一點日語的女工，就擔任通譯的角色，海松小時候讀過中午或晚上的國語講習所，學會了些簡單日文，頭家或其他女工都喜

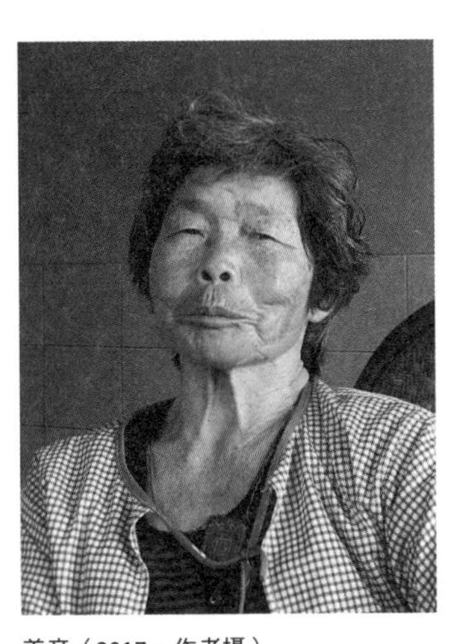

美音（2017，作者攝）

歡找她。寶珠的第二個頭家剛開始不喜歡女工，頭家娘倒還親切，透過她居中翻譯，如「少し話す、米がない、痛い」，她不知道日文的抹布（ぞうきん）該怎麼說，但曉得和服（着物きもの）、不行（ダメ）這兩個字，就硬著頭皮拼湊，也真的溝通成功了。

再來，是頭家對於她們收工後的休閒安排。對砍蔗工而言，所謂的休閒是指：糖廠機器停止輪轉，才可休息，此時頭家會有其他安排，一是要求女工做其他的工作，例如施肥拔草，也會給工資；二是帶女工出遊，像是去看電影、逛大街，吐槽聊天，或是載到其他蔗農家工作，順便吃飯開講。頭家的兒子偶爾晚上會載她們去看電影，分給每人一角美金買電影票，女工一次也沒去，把所

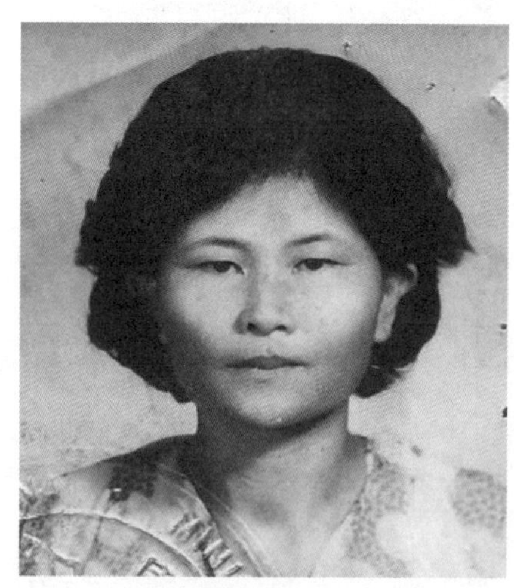

寶珠今昔。昔為護照相片。（左：本人提供；右：2017，作者攝）

有的錢都省下來；去的地方也沒什麼人煙，都是小山丘，頭家開車載她們環島看看，或偶爾到很遠的市場大街逛一下；頭家娘有空會跟她們聊聊天，譬如說當地女人做月子是吃粥不吃飯，配青菜和醬菜，和臺灣吃麻油雞不一樣；在那邊的趣事，就是看到自己人很高興，可以輕鬆隨便聊。曾經到過沖繩兩次的淑女，道出她在休閒時光的回憶：

> 頭家和頭家娘人都不錯，常常跟女工聊天黑白吐，還會請人幫我們寫信給臺灣的家人。會社洗車（糖廠清洗機器）時，我們就可以休息外出了，頭家會帶去街上逛逛，不過南大東島的市街比大林還小，也不太熱鬧，沒什麼好看

寶珍（2017，作者攝）

淑女的中年照（兒子振琨提供）

的，有錢也沒地方花，沒買什麼東西。倒是頭家第一次帶我們去電影院，我就在門口撿到一元美金，如果是十元那就更好了，當時還沒開始剉甘蔗呢，真的很開心！（淑女，女，民國二十年生）

和先生一同前往沖繩的燕枝，和頭家的互動似乎又比其他人多了點：「我的頭家有參加過二次大戰，死裡逃生活了下來，他曾帶我們去參觀海邊的防空洞和地道，給我先生零錢去看電影。頭家和我先生很談得來，有點像父子，他和我公公同歲，身上有很多戰爭時子彈留下來的傷痕，還曾

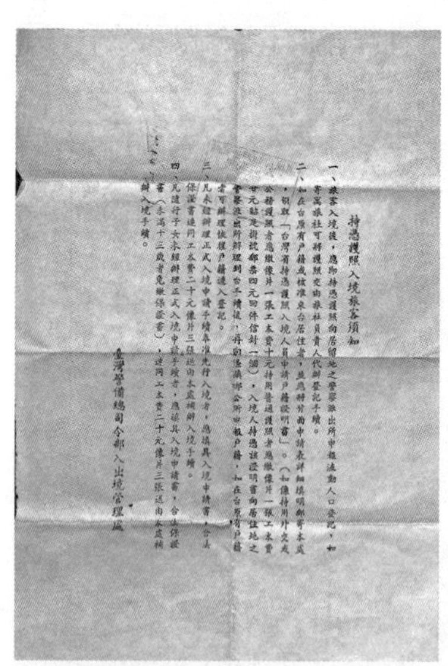

持憑護照入境旅客須知

一、旅客入境後，應即持憑護照向居留地之警察派出所申報流動人口登記，如寄寓旅社可將護照交由旅社負責人代辦登記手續。

二、如在台原有戶籍或核准來台居住者，並應辦妥向申請表詳細填明郵寄本處，領取「台灣省持憑護照入境人員申請戶籍證明書」。（如係持用外交或公務護照者應繳像片一張工本費十元持用普通護照者應繳像片一張工本費廿元貼足掛號郵票四元回件信封一個），入境人持憑該證明書向居住地之警察派出所辦理到台手續後，再向當地鄉鎮公所申報戶籍，如在台原有戶籍者可辦理恢復戶籍遷入登記。

三、凡未經辦理正式入境申請手續奉准先行入境者，應填具入境申請書，合法保證書連同工本費二十元像片三張送由本處補辦入境手續。

四、凡隨行子女未經辦理正式入境申請手續者，應填具入境申請書，合法保證書（未滿十三歲者免繳保證書），連同工本費二十元像片三張送由本處補辦入境手續。

臺灣警備總司令部入出境管理處

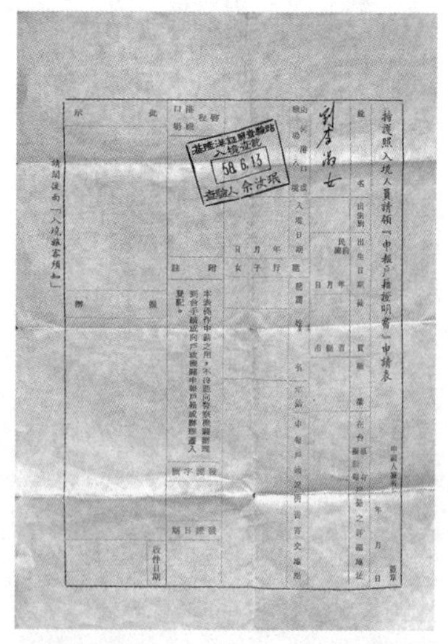

持護照入境人員請領「申報戶籍證明書」申請表

姓名　劉李淑女

基隆港聯合檢查站
入境查訖
58.6.13
查驗人 余汝珉

本表係作申請之用，不得憑向警察機關報到及辦理戶籍遷入登記。

請閱後面「入境旅客須知」

當時是由警備總司令部管理臺灣人民的入出境。淑女是民國五十八年六月十三日從南大東島回到基隆港。

經秀給我先生看。頭家對我們夫婦很不錯，回國時送我先生按摩器和皮衣，也送我一套衣裙。」

綜觀上述，頭家對女工日常的噓寒問暖、注意女工的生活起居、雞同鴨講的溝通等，如實呼應了南大東島島民與女工之間生人及家人的關係，彼此既是生人又像家人，若即若離、忽冷忽熱。蔗農對收工後的休閒安排是有費心，這和他們提供女工休閒時的異鄉客等諸多老照片對照，也可獲得佐證。

不解的島民

離開了蔗農家的庭院後，大多數女工因為「聽不懂、不知道、沒機會或心生害怕」，她們對島民的觀感其實是陌生而遙遠的。「除了蔗農的家人外，幾乎沒有見過其他男性，只有一次晚上去糖廠的路上巧遇，但心裡覺得害怕，後來沒有再出門，也很少再碰到。」「確實沒碰過什麼其他男工或女工，因為是住頭家

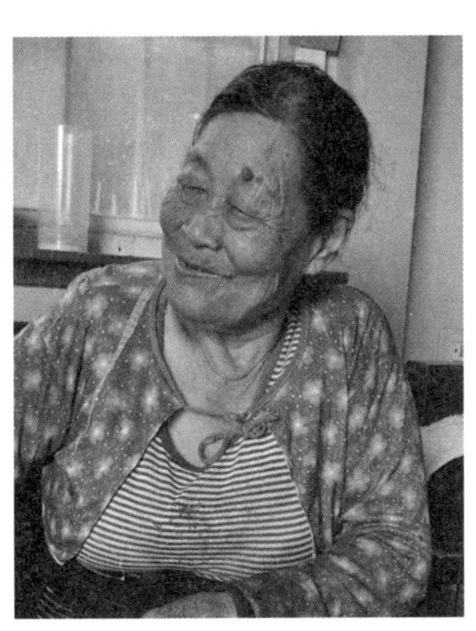

燕枝（2017，作者攝）

那裡，也沒機會認識什麼人，當地都是老人，年輕人都外出工作了。」因此，我僅以警察、開載蔗火車的司機、無法指名的當地人三例來說明。

美音的經驗是與當地警察的交手，她不諱言地說：「那邊的警察也對我們客氣，穿著白襯衫看起來很乾淨，幫我們拿行李平安送上飛機，可能是知道我們拿觀光簽證來非法打工的。在警局我說要回臺灣了，請他煮豬腳麵線給我們吃，他真的照做，還請我們吃蘋果，我想當地的警察都知道我們是非法的，我們也都被盯上了，其實我真的很想再去。」

女工和當地人的接觸真的很少，過程也不一定順遂。輪到玉蟬煮晚飯時，她得提前離開蔗園，回程路上碰到開載蔗火車的日本人，常常邀她搭便車，但不會日語的她，連頭家的姓名住址都不知道，只能搖手真可惜啊（惋惜的表情）！記得自己是被分派到南大東島北區的玉蕊說出了她的心聲。

> 我曾經搭過當地人的便車，只要我說頭家的名字，他們就知道了。在那邊搭便車時，都要先說你是在哪裡工作，頭家是誰，之後才能上車，但通常就是問一下而已，不會拒絕載你！南大東島的人都很有禮貌，碰到人會點頭或打招呼，說早安或日安，頭家的鄰居也會泡咖啡給我們喝。除了頭家外，我也沒認識什麼當地人。那邊的人我們管他叫「琉

球蕃」。（玉蕊，女，民國二十九年生）

從「琉球蕃」這種用語可以猜到，女工對於無法指名的當地人是有揶揄的，出國多次的海松會用臺語罵人，反正他們也聽不懂；紫鳶聳聳肩幾許無奈地說，曾聽過沖繩人罵女工是「臺灣豬」，但又能怎樣！她也略帶輕蔑地說，「阿球語」她聽不懂，也沒有和當地人交流，「阿球仔」愛喝酒衛生不好，看起來髒髒的鬍鬚很長，好像很懶惰，生活也不太好。

本章從和善的頭家和不解的島民兩個層面，說明了女工如何回望沖繩人，主要發現有三點。

第一、**和頭家的關係**：女工對蔗農家的評價普遍良好，似乎沒有太多的怨言或不滿，蔗農平日給予她們的食物，算是一種味覺的刺激和滿足，女工在辛苦

玉蕊（2016，作者攝）

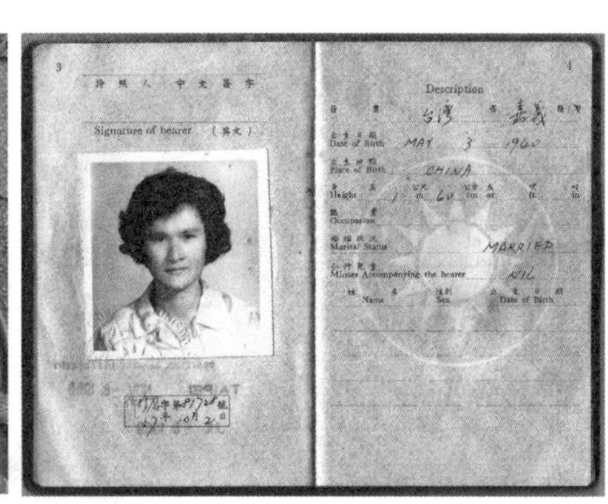

玉蕊前往琉球時使用的護照（本人提供）

的砍蔗之餘，透過飲食及煮食，轉移注意力、也補充消耗的體力，特別是新奇昂貴的食材（牛奶餅乾、魚類、蘋果、羊肉大餐），對於當時不識字、出身貧困農村的她們而言，是異文化體驗中少有的奢侈享受，此點回應了蔗農對臺灣女工的極儉印象，其實乃事出有因。蔗農和女工確實有擬似家人的情誼，雇主和僱傭藉由食材的提供與傳遞，維繫了一種和平安穩的關係。蔗農對於她們收工後的休閒安排，是女工跳脫平日作息時空，得以在蔗園、宿舍兩地以外短暫放鬆的片刻，電影院、其他蔗農家、市場大街成為她們接觸異文化的稀有場所，雖僅止於蜻蜓點水。

在和蔗園或農莊女工的先行研究對照後發現，女工和蔗農無法脫離雇主—僱傭的主從關係，但女工未必就感覺身處於壓迫之中，特別是身處殖民主義、種族主義、資本主義與父權制等多重夾殺下，感受到不對等關係的壓迫，臺灣女工選擇穩定、認分的相處模式，沒有出現什麼日常反抗的舉動，力求僱用期間的和諧。原因可能出在女工本身的意願和能力有限、來沖之後的生活作息封閉，使得她們「不足以」去積極抗爭或反抗雇主的不友善對待。但平心而論，透過這兩章的映照可以推測，女工或許主觀上並未承受來自頭家太多的苛待，也不認為有需要去爭取或反抗什麼壓迫。我看到的光景是，異文化關係下雇主與僱傭各取所需，彼此都只是生命的過客，能做的就是適時地理解差異、適應差異，勞雇雙方才能相安無事。

第二、**和頭家以外島民的關係**：有人覺得受到歧視，認為島民骯髒懶惰，乃至心生恐懼並加以揶揄，季節性農業移工對接待社會的疏離感可以想像，在二十世紀初從東歐遷徙到德意志的短期農業移工身上，也有類似的狀況。主要是波蘭人和羅馬尼亞人，他們是位於德意志農村社會最底層的外來者，延伸了在故鄉的習慣與人際關係，毋須多花時間或精力去適應、理解德意志這個新環境，可能也沒有意願或能力。他們在封閉又隔離的營舍空間中，集體共同生活好幾個月，那裡也宛如是個保護膜，唯一能外出的是星期日到教堂做禮拜，順便買買東西和同鄉交換資訊，算是單調打工歲月中的小點綴。移工和當地社會的積極接觸幾乎沒有，當地人對這些外來者多投以鄙夷不悅的眼神，他們的口音、服裝、長相、群聚路過的樣子，無一不被嫌棄，所以移工中有不少人是帶著反德情緒回國。（飯田収治一九九一、一九九二）

但情況也不全然如此，**文化相容**、**合作共享**的狀態也曾發生。近年來，中國桂林西南的越南砍蔗女工大多來自和廣西壯族同根生的族群，她們來此從事季節性的工作，經濟需求互補是外因，族群文化認同帶來的安全感是內因，她們在與蔗農的共同生活、勞動和互動中強化了文化認同。女工在當地的交往範圍很小，主要的對象就是蔗農，對不熟悉的外人尤為警惕。但蔗農與女工在勞作中加深了信任，蔗農邀請她們參加千百年來盛行於桂、越跨民族地區的儂峒節及傳統節日；砍蔗工也在對節慶習俗的認同中，延續跨國族群的親密感與熟悉感，體會到他鄉猶如家鄉，她們受到雇主歡迎、村民包容，彷彿成了遊走邊界的故鄉人、而非異鄉人。（韋福安二〇一四）

反觀大林女工在沖繩南大東島的情況，跨海移動的距離遙遠、不同文不同種、雇主—僱傭彼此身分懸殊、殖民—被殖民的歷史關係無法抹滅，以及本身的意願和能力有限、來沖之後的生活作息封閉等因素，在林林總總的條件制約下，女工面對頭家以外的島民難有互動或建立關係，她們腦海裡存放的異文化體驗就只是短暫、零碎、稍縱即逝！

第三、**男女關係**：從女工的口述中，我全然聽不到與女性的肉體身體、男女的性愛交歡有關的任何內容，即便訪談時我也曾含蓄地提問。究其原因可能出在，當時她們大多中年已婚，有人甚至已經做了祖母，要發生這些事的機率並非全無，但是極低，年齡、已婚與否當然是影響的主因。此外，即便真的發生過，和南大東島的男性受訪者相比，這些高齡女工對此願意侃侃而談者，恐怕也不多。

然而，換個場景情況可能不同。一九六〇至七〇年代石垣島不少男性都很期待到鳳罐工廠做事，因為工廠裡面年輕漂亮的臺灣女孩真的很多，特別是想在倉庫工作，那裡是談戀愛的好所在。（國永美智子二〇一一）確實，二〇一一年初我在石垣島訪談琉球華僑總會八重山分會的會長吳屋寬永時，也聽聞類似的故事。身材高挑、憨厚老實的吳屋是第二代的臺灣移民，目前經營青果批發，他坦言：「六〇至七〇年代每當送完貨要返家時，我都會去女工宿舍打聲招呼，下班時間都是傍晚，如果遇到女工正在吃晚餐，我通常也會被留下來一起用餐。鳳罐廠女工的年齡大概都在二十至二十三歲，女工把我當成弟弟，裡面有好幾個年輕又可愛的小女生，或許是日久生情吧，也強化了我對臺灣的想像與認同。」可以想見，同樣是漂洋過海的臺灣女工，南大東島砍蔗的中年婦女與石垣島鳳罐廠的年輕妹妹，她們的情慾世界與體驗，完全迥異。

從第二章到第四章，我透過再現和敘事兩種手法，讓女工的多元身影浮出地表，讓模糊零碎的拼圖愈趨完整。我並非全然立於沖繩—臺灣、殖民—被殖民、雇主—僱傭等二元對立的脈絡，一味凸顯殖民主義、種族主義、資本主義與父權制對於女工的宰制，或刻意強調要去翻轉女工的苦命形象。而是透過採集、對照、分析發現到，沖繩媒體的報導、南大東島島民的口述與大林女工的獻聲三者之間確實有

吳屋寬永在石垣島所經營的青果批發（2011，作者攝）

重疊有呼應，但也有超越有推翻，這或許才是接近她們真實樣貌的不二途徑。

近年來，試圖翻轉主流論述對少數族裔女性刻板印象的作品紛紛出爐，華裔美國劇作家林小琴（Genny Lim）在《苦甘蔗》（*Bitter Cane*）中對華裔女性的遭遇進行深描，挖掘十九世紀八〇年代夏威夷甘蔗園的華裔女性在肉體和精神上遭受的雙重壓迫，體現華裔女性為爭取獨立、改變自身地位而進行的鬥爭。美國華裔女性面對**最大的兩個問題就是性別和種族**，當年的美國華工是被邊緣化的種族，華裔女性更是被剝削和奴役的對象，在以往的文學作品裡，華裔的形象一直是被閹割的種族形象，華裔女性的地位更是卑微，在戲劇中的形象也是另類、道德淪喪或性格暴戾乖張。但《苦甘蔗》的女主角泰麗並非如此，她被塑造得相當飽滿，聰明美麗、堅強自立、會為自己的利益抗爭奮鬥，雖然，她始終無法掙脫中國文化的苦命枷鎖，而表現出女性軟弱的一面，可是，她也不全然等同於傳統女性，她不信命運安排、敢於抗命。（韓丹二〇一三）

經過這三章的梳理，我試圖回答了「一九六〇至七〇年代沖繩諸島的臺灣女工到底是誰？」這個提問，我無意、也無法塑造出如《苦甘蔗》女主角泰麗那樣嶄新的女工形象，**臺灣女工唯有被拼湊，才能漸趨完整**。然而，拼湊出來的臺灣女工，可能哪裡都存在、但也哪裡都不存在，我們不難在其他女性、女性移民或女性移動者身上找到勤奮的砍蔗工、休閒時

文心的母親玉娥曾去沖繩打工，這些老照片應該是蔗農拍攝後送給玉娥的紀念照。玉娥（上一）、臺灣女工在蔗園工作（上二）、假日搭船出遊（中一）、收工時用餐（中二）、收工後換上裙裝（下一）。（文心提供）

的異鄉客、節儉達人與消費者、生人及家人、或沖繩媒體再現上工與收工的她們、性幻想的投射對象、寄生蟲的高帶原者等似曾相識的身影，因此，也很難斬釘截鐵地論斷臺灣女工非得是什麼或不是什麼，臺灣女工本身是複數的存在，是流動的、暫時的曇花一現。

北村文（二〇〇九、二〇〇六）運用女性主義民族誌（feminist ethnography）標榜「以女性主義的觀點，從女性立場、為女性書寫」的手法，描繪她所看到的日本女性。受訪者中有移住夏威夷的日本女性，北村希望瞭解她們身處西方男性建構的主流社會時，在日本人（東方主義之眼）與女性（性別之眼）雙重他者的凝視下[1]，如何承受壓力、如何交涉自他文化的衝突。結果發現，所謂的「日本女性」其實哪裡都存在、也哪裡都不存在，充滿了**多義性及多異性**，日本女性只是個概念框框，和其他概念以及那些概念指涉的現實之間充滿了落差與分歧，日本女性本身就是複數而流動的。同樣的，我藉由再現和敘事兩種手法，拼貼出臺灣女工的可能圖像，這是紀錄者的我所能做到的極限。

接著我將進入女工的送出地—嘉義大林，透過女工本人、留守的家族、旁觀的鎮民三方的敘事，進一步揭開她們的面紗。

注釋

1　小川咲江（小川さくえ，二〇〇七）從東方主義與性別雙重他者化的觀點，解構普契尼（Giacomo Puccini）的歌劇《蝴蝶夫人》（*Madama Butterfly*）系譜，從一八八七至一九九八年歷經了多次創作與改編，探究西方如何打造出順從、獻身、貞節的日本女性意象。

第五章

女工的離返與性別規範

> 賴菊，不識字，勤勞、節省、務實，喜歡工作賺錢；身為夫家長媳的她是童養媳，卻儼然一家之主，因丈夫年輕就外出，不管家務。丈夫直到往生前幾年才返鄉、但沒有返家，委身安林宮當廟公，吃睡生活都在廟裡。最後，賴菊礙於鄉里的言論壓力，才勉為其難接受丈夫回家。
>
> 訪談的那天下著冬雨，高齡八十二歲的她一邊撐傘、一邊騎腳踏車，引導後方開車的我到家裡去。她抱怨家中曾遭小偷拿走瓦斯桶，門沒上鎖是原因。她一個人獨居在三合院，大廳是竹筒厝，可以清楚看到竹管嵌在黃土牆上的斑斑痕跡。賴菊自己種菜自食其力，每天生活起居的房間有點髒亂，睡覺的寢室其實是以前豬舍改建的，壁癌非常嚴重。
>
> 她一直說工作很重要，目前仍在做農事，喜好賺錢存錢，很有理財頭腦，有錢是她最快樂的事，也是她成就感的來源。（田野日誌：二〇一六年一月三日）

二〇〇六年的春天，我在南華校園遇見玉蟬之後，又陸續接觸到許多大林的女工，她們去沖繩時都為已婚，因此，我想瞭解當時她們在夫家的地位情境。本章先重返一九六〇至七〇年代漢人農村已婚女性的生活世界，找出當時女性被描寫的文本；接著，從移動動機、移動形式、移動中的角色遞補、移動後的權力變化等四個維度，闡明發展中國家農村女性的離返與性別規範之間的關連；然後，進入嘉義大林返回女工的經驗世界，陳述當年她們從夫家的媳婦變成遠渡重洋的女工時，夫家對於出國動機的影響、對於移動形式的干預、以及夫家在女工出國期間的支援等作為，如何發揮強大的力量，讓女工成為苦旅的過客，但終究還是返「枷」的歸人。

在此，簡述嘉義大林的地理與人文環境。大林鎮位於嘉義縣最北，北以華興溪與雲林縣的大埤鄉、斗南鎮、古坑鄉相鄰，南與嘉義縣民雄鄉、東與梅山鄉為鄰，西與溪口鄉相接，東西長十二公里、南北寬約八公里，土地總面積為六十四平方公里，全鎮劃分為二十一里。把時序拉回到一九六〇至七〇年代，農業是當時大林地區經濟的主要支柱，稻米和甘蔗兩大作物居於重要地位，從耕種面積和產值兩點來看，稻米是本區居民的糧食作物，種植面積占總耕地面積從四〇％遞增到六〇％以上，而甘蔗是純經濟作物，種植面積始終占一一％至一七％左右；就農業總產值而言，稻米占農業總產值二分之一以上居首位，甘蔗占五分之一不到，仍居第二位。（江芳菁二〇〇三）關於大林地區的人口總數，從戰後初期的二萬六千多人，增加到一九七〇年代初期的四萬三千多人是為高峰，之後就逐年遞減。大林人口多以務農為生，但一九六〇年代中期臺灣經濟結構開始轉型，從農業朝向工商業，農業開始衰落，也影響到農業的就業人口。一九六〇年代前期臺灣的農業就業人口仍在增加，一九六四年為重要分界年，達最高人數一百八十一萬人，之後逐漸下滑。（于宗先、王金利二〇〇九）農村的剩餘勞動力面臨移轉，**大城市的服務業、加工出口區的工業、農村中的非農業以及海外的移工派遣等，都一定程度吸納了農村的剩餘勞動力**，大林的農業人口，無

嘉義縣大林鎮人口數變遷

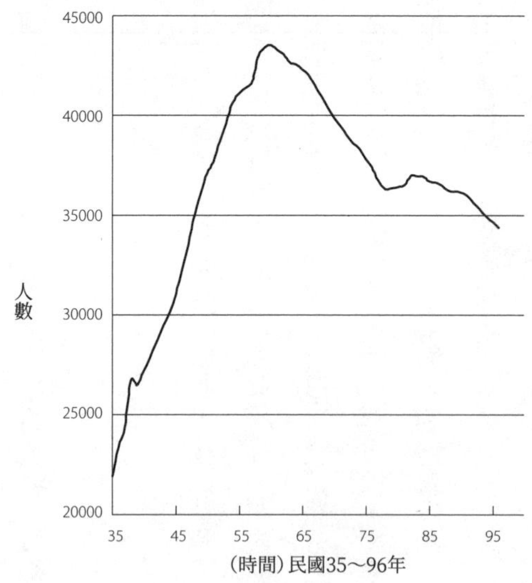

作者製表
資料來源：大林鎮公所「嘉義縣大林鎮歷年人口統計表」

分男女，開始尋求不同的謀生管道，到沖繩做工就是其中之一。本章多數女工初去沖繩的時間，正是民國五十六年至六十年左右，也有少數人晚至民國七十年，以觀光簽證偷渡打黑工。

顏氏，玉蟬的老鄰居，多年來我們一起在南華運動，聊到二〇〇八年東石鄉婆婆毆傷媳婦事件的判決時[1]，她回想起村裡早年曾發生過一件駭人聽聞的事，受害者是她認識的農婦，被夫家當成私有物來虐待。「她的丈夫脾氣很壞，十幾年前聽說她被丈夫綁在樹下當眾懲罰時，娘家的生母只能在旁觀望，束手無策……唉，娘家就是沒路用啦！結果呢，他們夫妻也沒離婚，現在都才六十幾歲，還是住在一起，以前的媳婦都很會吞忍，不像現在喔。」人媳在夫家的地位如此堪憐，若把時空往前推移至一九六〇至七〇年代、漢人農村已婚女性的生活世界，當時的她們又如何被描寫呢？

盧蕙馨（Margery Wolf，一九七二）於一九五九年隨人類學家的夫婿住進臺北三峽的傳統大家庭進行田野調查，受訪者中有養女、童養媳和娼妓。她提出子宮家庭（uterine family）的譬喻概念，這是子女以母親為主體的家庭認同，也是父權家庭內母親和孩子組成次級系統的一股內聚力。在父權親屬結構下，從夫居、夫姓的婦女需透過結婚生育，才能成為一個完整的個人。女人在夫家生活作息，是勞動生產和生育中的重要人物，卻被視為外人，除非她生了兒子替夫家傳宗接代，否則她的身分地位不會有保障。一位婦女會與她的親生子女聯合起來成為子宮家庭，以獲取她在夫家的生存條件。此外，胡台麗在《媳婦入門》（一九八二）中描寫一九七〇年代臺中縣的已婚農村女性：「在婆婆面前不像在媽媽面前一樣可以撒嬌、發小脾氣、訴苦。如果與妯娌合作家政，更不能偷懶，否則旁人的冷言冷語難以忍受。有的女孩子婚後仍繼續外出工作，所不同的是以前薪水交給父親，現在要交給公公。等到有一天小家庭獨立，擺脫了公婆、妯娌的牽制，她們的生活會好過一些。婦女在家庭中的地位在生了男孩以後才趨穩固。婚後女子的一舉一動可說是在眾目睽睽之下，稍有疏忽就會遭到批評、議論。一個好媳婦的要件是性情好，肯努力工作，身體強健，和會生育男嗣。」

從盧蕙馨和胡台麗的文字中看出，一九六〇至七〇年代漢人農村已婚女性在夫家的地位是低落的，她們只被當成生產與再生產的雙重工具[2]，除非透過男嗣的傳宗接代，才能鞏固她們在夫家的名分和地位；身處多重權力位階低層的她們，時時得面對公婆、丈夫的頤指氣使，即便看似水平的妯娌關係，也是暗潮洶湧、危機四伏。她們被擺在一個高度箝制的天羅地網內，在以男性為準、為尊的夫家無可奈何（或習慣）地度過餘生。我使用**父權而非夫權**，「父權是建立在年齡、輩分和性別基礎之上的等級制，強調男性家長的權威性和專制性，以父系、父居和父子關係為核心；夫權則強調婚姻關係中丈夫對妻子的控制和支配，包括對她的勞動、生育力和性資源的控制和支配。」（金一虹二〇〇〇）因為，一九六〇至七〇年代女工身處的家庭脈絡多是三代同堂的父權制大家庭，真實影響她們移動、工作、生活、意識及權力關係的是夫家這個大家庭及其成員，而非單指現代核心家庭婚姻關係裡的丈夫而已。

慢慢地我開始傾向假設：一九六〇至七〇年代大林農村三代同堂父權制大家庭媳婦的處境，可能也是艱辛的，如果是，那麼這些情境背後的性別規範，如何與前往沖繩的離返經驗相結合？將是本章探討的主軸。我採用性別社會建構論學者茱蒂絲・巴特勒（Judith Butler，二〇〇九）的定義，所謂的規範，是指做為規範化的隱性標準在社會實踐的內部運作，通常是含蓄的、難以解讀的，只有在它們製造的結果中才能被清晰、生動地體現出來。規範讓某些做法和行為能夠被承認，決定了相關社會事務能夠被理解，定義了什麼會、什麼不會出現在社會領域內。探討農村女性的**離返與性別規範**時，性別規範所指涉的價值，它到底期待農村女性是什麼、該扮演什麼角色，必須被指認出來；在這種期待下，農村女性於生活中履行了哪些外顯的具體行為，也必須被關注。

探討發展中國家的性別規範如何影響女性的移動時，女性在夫妻、家族、村落共同體等不同關係中被賦予的角色，女性於生產和再生產活動中被擺放的位置，隨著人子、人妻、人母、人媳等不同生命週期的變化，這些性別規範如何左右女性的留守、移出、返回或滯留不歸等，都是極為重要的主題。（Guest 1993、Chant（ed.）1992）聯合國一九九三年提出「影響發展中國家女性移動的因素探討」，除了移動者的年齡、配偶關係、教育程度、工作經驗、其他移動經驗、子女數等個人屬性外，女性身處的夫家或娘家狀況、她們與家人的關係、家族或在地社會、村落共同體期待女性扮演什麼角色、鼓勵或壓抑女性移動的性別規範等，也不可忽視。（早瀨保子編二〇〇二）當女性成為移動的當事者，並把性別觀點放到研究脈絡時，從勞動市場及經濟活動的巨觀探討，到移動者身處的共同體、村落之性別規範或家族內的性別權力關係等微觀剖視，都是關鍵的課題。（Willis and Yeo 2000）接著，我從移動動機、移動形式、移動中的角色遞補、移動後的權力變化等四個維度，闡述女性的離返與性別規範之間的關連，透過這樣綿密的梳理，指引出本章論述的具體方針、敘事環節及開展步驟。

第一、移動動機：農村性別規範對女性的移出動機有著一定程度的干預，到底「由誰決定、要誰移出」這件事，並非所有成員（甚至連當事者）都能積極介入，在以父權制為主的社會，移動若非單純為了自我追尋，而是牽涉到家族共同利益或生存延續時，移動者會被父兄、丈夫、長老、族長等男性家族成員積極教化，久而久之也內化移動相關的價值規範。

對很多發展中國家的農村女性來說，移出是為了家族，而非全然為了自己，外出移動工作所獲得的薪資，理所當然自動匯款回鄉，並選擇按時返家，因為家族仍是日後保障她們身家性命的極重要來源。（Guest 1993）移動能否深化及持續，家族生存策略是不可忽略的，移動者的移動動機、移動形態、移動網絡、移動後的匯款分配等，常常受到家族生存策略的左右。發展中國家的農村女性到外地工作，普遍被認為是一種**家族生存策略**，為了增加家族的收入及強化家族未來的發展，指派家族成員中的某人到外地工作，被視為家族存續發展的有效策略。（Massey 1990）

倉光美奈子（倉光ミナ子，二〇一二）研究南太平洋薩摩亞女性移動與社會制度之間的關連，發現當地複數大家族親族集團（aiga）、領導者（maita）以及相互尊重的關係性（va）等制度，深刻地影響女性的跨國移動經驗。她以一名一九六六年移居到紐西蘭北島的初老已婚女性為例，透過分析其遷徙動機（尋求較好的工作、提供子女更好的環境、逃離夫家人多嘴雜食指浩繁的壓迫）、遷徙後對娘家、夫家雙方親屬以及在地教會的支援狀況（金錢、日常用品、做保證人）加以說明。

第二、移動形式：農村的性別規範對於女性移動形式的嚴加管控屢見不鮮，娘家或夫家允許女性外出工作時，都會設下重要底線。[3] 一九七〇年代之後，泰國東北村落女性剛開始參與國內的移動勞動，得經由信賴的僧侶介紹及同行，才被允許至曼谷工作；到了一九八〇年代，則有同村男性親友隨行，這些男性早已具備移動經驗，男女同行也算是一種集團移動；一九九〇年代後，已婚女性還是得和丈夫共同移出，單槍匹馬的移動者幾乎不存在。換言之，該地的性別規範對於女性移動形式的管控相當嚴格，僧侶與男性親族的同行可說是必要條件。（木曾惠子二〇〇七）

土耳其東南部貧困農村的不識字季節性女工，從事棉花採收及鏟土的單純體力勞動，她們的移動形式有兩類，一類是和同族家人隨行，共同移動也共同勞動，此時，家族的父兄丈夫等年長男性持續父權制下性別關係的優勢地位。另一類是不和家人隨行，而是和同樣身為女工的族人或鄰人一起移動，她們每天從自家集體坐大卡車到棉花田工作，同一性別的集團移動與勞動，讓女工的娘家或夫家放心，發揮相互監控的作用，女工沒有機會和不認識的男性目光接觸、搭訕聊天，也不會受到大都會惡女的不良影響。這是農村根深柢固的性別規範對於移動的伊斯蘭女性之束縛，在男性家族成員的視線以外，想要淫蕩放縱或有非分之想的女子，被視為可恥，也會遭受嚴厲的處分。（星山幸子二〇〇三）

第三、移動中的角色遞補：在許多東南亞國家已婚女性向外移動時，原本她們該履行的再生產責任應該如何轉讓、轉讓給誰？女性因移動而衍生的角色遞補和跨國母職有關，如何

在離返中定義跨國母職，如何用具體行動回應或反抗社會期待，值得注意。（Onica 2009）

一九七〇年代後，泰國東北農村女性的移動經驗與性別規範有諸多關連，佛教教義中女兒、母親等角色被認為是一種積德行善，這與到外地工作、負起養家者的角色並不違背。三、四十年下來，該地女性向外移出工作已然成為一種常態，無論已婚或未婚，限制女性外出工作的性別規範逐漸鬆綁；已婚婦女到外地工作時，仍透過夫家、娘家、女性親族、鄰人的替代幫忙，履行再生產的天職，她們也幾乎按時返鄉；對於女性外出工作返鄉後，須負起家庭內再生產（養育子女、照料老小）義務的看法，並沒有太多的改變。（木曾惠子二〇〇七）印尼卡拉旺（Karawng）地區的女性到海外工作時，隔代教養的責任是落在女工的母親、而非丈夫的母親身上，這和印尼爪哇「母主或以母親為中心」（matrifocal）的性別規範有關，母系親族在女工外出時發揮了比男系親族更大的影響力。（小池誠二〇一四）

第四、移動後的權力變化：女性返鄉後，如何改變她們在家庭內的位階關係，進而撼動傳統的性別規範，是長久以來研究關注的焦點。女性的離返經驗到底如何撼動（或無法撼動）傳統性別規範，如何改變（或改變不了）她們在家庭內的夫妻權力關係？變或不變的可能原因包括了：女性是否為主要養家者、文化脈絡中的資源和性別角色意識等，我以菲律賓、越南、墨西哥、斯里蘭卡的實例來說明。

許多到日本、香港工作的菲律賓女性返鄉後現金收入增加，對家庭經濟貢獻良多，甚至超越男性的所得，這些具體作為確實提升了她們在家中的發言地位，也稍稍抗衡了父兄、丈夫等男性親人的傳統威信。但男性在家中的地位或面子能否維持，端賴的不是其收入多寡，而是他能否擁有恆常穩定的工作，主要養家者到底是仰賴男性或女性，這些才是夫妻權力關係折衝的要件。（小瀬木えりの一九九八）在一般人眼中，菲律賓算是男女地位較為平等的雙系制社會，到海外工作的呂宋島農村已婚女性並非底層的貧困階級，出國動機是出於己願，但也是在丈夫的許可之下，返鄉不單是契約到期，她們認為，那是丈夫對她們情愛、期待和命令等加總後的結果。她們賺回來的錢比留在原鄉的丈夫多，但，夫妻雙方對於到底誰才是主要養家者存在著認知差距，最終，這個決定權仍回到丈夫而非妻子的手裡。（小ヶ谷千穂二〇〇〇）

深受儒教三從四德父權思維影響的越南貧困農村，夫妻間的性別規範不因妻子離鄉工作、賺錢回饋而輕易撼動。北越農村已婚婦女在河內與原生地之間移動，她們都是短暫的循環移動者，可以選擇性、機動性地來去城鄉，原本就沒有打算、也沒有條件從農村社會連根拔起，在河內從事廢棄物回收賺的錢，對夫家的經濟改善很有幫助，丈夫也在妻子離家期間承擔多數的家務勞動。但妻子仍希望丈夫像個男人，返鄉後她們樂於繼續照料子女、煮飯洗衣；丈夫更坦言，家事還是妻子的主要義務，而且也做得最好，在夫妻雙方共同協商下，維繫了傳統性別規範於不墜。（Resurreccion & Khanh 2007）曾來臺灣打工的北越富川縣已婚女性的返鄉經驗是，她們對家庭經濟有所貢獻，也確實增加了財務管理與決策主導權，但家庭內修繕、搬重物以外的家務勞動，仍被認為是女性分內的工作。根植於傳統的性別角色意識難以改變，但也並非完全無法鬆動，當**性別角色意識與夫妻間的資源關係**發生衝突時，就是它變化的開始。（楊玉鶯二〇一〇）

一九八〇年代後，墨西哥的賀斯特克（la Huasteca）自給自足作物栽培的農業慢慢衰退，村民開始向國內大都會移動，尋找工作機會。以前的家屋由丈夫或父親等男性打造，近年妻子跟著到都市工作成了薪資勞動者，會自動幫忙出錢蓋屋，這時傳統的性別規範開始變化。妻子把小孩留在農村跑去工作，難免受到非議，但她幫忙出錢蓋屋這件事，多少改變了**「妻以夫為貴」的兩性關係**。（山本昭代二〇〇七）同樣是透過建立家屋與維持家計，到中東的斯里蘭卡鄉村女性獲得愈來愈多的權力，當她們掌握家中的決策權時，扮演家務勞動的傳統角色也跟著調整，這意味著權威結構的置換與新型態力量的出現，可以扭轉她們的命運，改變她們在家庭的位階關係，提升自我的存在價值。（Azmi & Lund 2009）

以上從移動動機、移動形式、移動中的角色遞補、移動後的權力變化等四個維度，闡明了發展中國家農村女性的離返與性別規範之間的關連，準此，我設定**出發**、**移地**、**返家**三部曲的行進，努力深掘一九六〇至七〇年代沖繩返回女工的經驗世界。

二〇〇六至二〇一一年、二〇一五至二〇一八年這兩個時期，我在大林訪談了二十一位女工，許多人彼此是老鄰居，或具備血緣及姻親關係，她們有以下的共同特質：出身貧困，娘家或夫家都不富裕；出國時的年齡近三十至四十多歲，正值壯年，體力耐力都還不錯；赴沖時多為已婚者；除了紫鴛膝下無子外，其他人都有母職在身，朱遂甚至已經做了祖母；很多人都不識字，根本沒上過學或僅有短暫的念書機會；赴沖繩前的生活局限在大林，不少人是從某個村莊嫁到另一個村莊，完全沒有長距離的移動經驗，更遑論離鄉背井遠渡重洋了；出國前，她們都在大林打零工做農事，舉凡養豬、挑磚、播種、插秧、拔草、割稻，或是和糖業有關的種甘蔗、插甘蔗、剉甘蔗、大林糖廠會社工等等，不穩定、低薪資、低技術的各類粗活什麼都做，因此，對於到沖繩砍蔗並不陌生也不害怕。受訪者當中年齡最小的楊卒，行招贅婚，去過沖繩兩次，她娓娓聊到出生、外出打拚、出國做工的經歷。

父母都是上林人，我有兄弟姊妹共七人，六個姊妹，我排行老三，最小是弟弟。我們姊妹都只有國小畢業，**媽媽認為女生坐車會認字，出門在外看得懂站牌就可以了**；么弟就讀到高中，母親重男輕女，覺得男生多讀點書，當兵時比較方便。後來家庭生活轉好了，姊姊也寄錢回家幫忙，賺錢給長輩父母改善經濟，**我賺錢根本沒想到嫁妝，以前人比較單純啦，都不是為了自己**。

我從十七歲開始，就在彰化台鳳果汁工廠做事，但薪水不多，所以就跟著去沖繩砍蔗了。我去沖繩兩次，第一次是二十二歲，未婚還是小姐，我最年輕。第二次去的時候已經二十八歲，已婚有兩個小孩，由我先生和父母幫忙照顧。我過去就是為了賺錢，當時大林一天工資才十四、十五元，我四個月在南大東島就賺了三萬元臺幣，做工一天兩塊美金，我當它是「做工遊覽」，當初是母親帶我去臺中問一位邱姓仲介才辦成的。（楊卒，女，民國四十年生）

楊卒行招贅婚，娘家給予的支援較多，但她仍然籠罩在重男輕女的陰影下，被父母視為養家餬口的工具，出國打工不為自己、而是為了家人。和我有多次互動、也多次受訪的寶珠，清晰明確地說出自己坎坷的身世，以及不得不出國的原委。

我出生在大林明華里，三歲時父親過世，母親嫁了兩次，生了四個孩子，我很小就被送到上林里去當養女，二十歲左右去夜間的民教班（失學民眾補習教育的簡稱）讀了四個月的書，略懂些漢字，日文課只在教室外面偷看，根本不可能進去。二十三歲嫁來上林，我先生大我兩歲，他有讀小學但沒念畢業，我們是同庄的人，在蔗園工作時就看過彼此，算是互相照顧，也沒特別經過介紹就結婚了。嫁來時我是長媳，公公已逝，還有婆婆、三位小叔、一位小姑同住，後來我們分家，我也在外面做農事。

民國五十九年左右我去沖繩，仲介簡怨沒地方住，當時就住在我家，因為她的介紹慫恿，所以我也去沖繩砍甘蔗了。我一共去了兩次，第一次去的時候我三十四歲，第二次是三十五歲，兩次都是坐船去的。先生和婆婆也叫我去沖繩，**因為家裡貧困，欠別人錢，去那邊比較好賺，所以一定要去，在基隆碼頭看到海水我就哭了，我根本不想去……**（寶珠，女，民國二十四年生）

許多受訪者都提到簡怨，她是上林人，原本也是一名移工，從蔗園到鳳罐工廠都待過，但這些現場勞動只做了一年，後來成為仲介，去了南大東島、石垣島、與那國島、宮古島，負責安置臺灣女工前往各地工作。她從女工變成仲介的轉折，由長子木川口中講述。「剛開始媽媽一個人去沖繩，她的個性豪爽很像男子漢，宛如一條活龍很會工作，沒人做贏她。她親口對我說，剛去時為了達到工作效率，也為了讓當地人對她信任，她很認真工作，當地委員長看她那麼賣命很欣賞，問她是哪裡人？她吹噓地說，我算普通啦，嘉義人比我會做的還很多呢！所以要求媽媽幫忙招募工人，隔年她回國就開始找人，每年約八百至一千人。她扮演技術引導的角色，回國一放風聲，村子裡彼此相邀，大家都來應徵，農業時代很苦要養家，大家都想去，媽媽也會挑人，大林在地人誰會做事、誰不會做事都知道，大部分的人都很會做，那個年代沒有混的啦。嘉義女工做農事可說是全臺第一強，任勞任怨不怕累，敢做願意做。當時農村的人都很辛苦，所以媽媽沒有收介紹費，不過大家都有默契，會主動向她買高麗蔘或棉被表示感激，甚至希望有機會再安排去

簡怨中年的護照相片（木川提供）

簡怨的大兒子木川（2015，作者攝）

沖繩。」[4]

大林女工很多人都是透過簡怨的介紹，得以出國工作，但以上諸多的共同特質，還不足以構成她們出國打工的必要條件，這些農村婦女在對沖繩語言不通、人生地不熟的狀況下，為什麼又憑什麼可以漂洋過海出去呢？除了自身具備些許意願和膽識外，還得有其他的助力始能成行。我想彰顯的是：夫家在女工出國工作這件事情上發揮了極大的影響力，如前所述，當時女工身處的家庭脈絡大多是三代同堂的父權制大家庭，牽動她們移動、工作、生活、意識及權力關係的是夫家這個大家庭及其成員。

我訪談的大林女工是多元的，具備養女、童養媳、媳婦仔、行招贅婚等不同身分，傳統中逆來順受、委曲求全的人確實不少，但也有例外。[5] 楊卒和玉蟬是招贅婚，娘家即夫家、夫家即娘家；賴菊則是童養媳，作風強勢、刻苦耐勞的她清楚而明確地說出自己的處境：

> **我是童養媳**，才四個月就被送來夫家，我的丈夫不負責任，自己一個人跑去外面流浪，是我公公幫我帶三個小孩，當時婆婆已經不在。本來我也考慮孩子太小，不敢去沖繩，後來第二次才提出申請。**公公像是我的父親，我也是他的女兒，我們不只是公公和媳婦的關係而已，是彼此合作、互相照顧**。我本來是想逃走的，因為夫家這邊實在太窮了，

但我還是留了下來，反正要做才有錢，我是做習慣了。我從小就做很多事，揹著藥桶噴灑農藥，身體可能也對藥物沒有排斥了，一切都很習慣。因為我很會做事，所以大家都會來找我，人要多做，有體力就要多做、多打拚。我是省自己，照顧別人啦。我去沖繩是高興去、高興做，我們就是去做外勞的。（賴菊，女，民國二十三年生）

楊卒、玉蟬、賴菊三位的身分較為特別，但也是和丈夫或夫家的人一起生活，那麼其他女工的處境呢？多數都被框限在夫家的天羅地網中，這個真實的寫照，到底如何與去沖繩做工相連結？當她們從夫家的媳婦變成遠渡重洋的女工時，**夫家對於出國動機的影響、夫家對於移動形式的干涉、以及夫家在女工出國期間的支援等**，如影隨形、揮之不去。

賴菊（2016，作者攝）

干預的夫家

首先，是夫家對於出國動機的影響。她們出去最主要而強烈的動機就是賺錢，但不是為了自我滿足或自我追尋，也不是為了接濟娘家，而是為了改善夫家的經濟窘困而向外移出。受訪者均強調，去沖繩打工是她們生平初次喝鹹水漂洋過海，有的也是此生唯一的一次，主要動機就是為了改善經濟生活。不管娘家的經濟條件為何，她們都已婚，只能無奈地在以夫家為主、為尊的性別規範下過日子，出國工作是被夫家當成家族生存策略，為了改善夫家的經濟狀況，她們不得不選擇向外移出。無論是出於自願或被迫，不管她們的丈夫是有能或無能，她們**在夫家的角色是勞動者及生產者**，無法有太多的發言權或決定權，出國工作這件事，是在夫家的逼促、允許或支持聲中進行的。

玉蕊娘家的狀況比夫家好，她在娘家當小姐時很會做衣服，只要待在家裡做衣裳或剝花生，根本不用到田裡做事，那是男人的事，但到了夫家就得做，身體也搞壞了。當時先生是佃農，種出來的收穫要分給地主，夫家貧困沒一個像樣的房子，住在豬寮和豬睡一起，他們是媒妁之言，彼此根本不認識，反正結婚了就是要忍耐，不然也不知道該怎麼辦。娘家、夫家兩邊都窮的海松，從小就幫忙做事、沒鞋穿、真的命很苦，十九歲嫁來夫家，算是窮人嫁窮人，丈夫五、六歲時父母雙亡，跟著叔叔做苦勞長工，只是混口飯吃，海松常被夫家的人罵到臭頭，他們欠缺人力，所以她什麼都得做。同樣情況也發生在碧霞身上，娘家窮、夫家也是窮佃農，為了還錢、蓋房子她只好出去工作，問她一個人去會不會怕？她說不會，為了養家餬口，沒有什麼選擇。

那麼，她們留守在家的丈夫又有什麼性格特質呢？紫鴛的丈夫曾做過明華里的里長，先後娶了四位太太，紫鴛是他的第三任，但出國時已家道中落，她算是被命令出國去工作的；玉蟬的丈夫是招贅進來的，同樣不識字，喜歡喝酒賭博，工作也是愛做不做，她為了生計只好出去賺錢；朱遂的丈夫好吃懶散不事生產，雖然她已為人祖母，也只能硬著頭皮出國。可以看到，這些本身學經歷不高的農村婦女，被夫家期待是家庭中的生產者及勞動者，加上丈

碧霞和她的先生（碧霞提供）

碧霞（2017，作者攝）

夫的個性消極不長進，在生活貧困的逼迫下，她們似乎毫無選擇、沒有質疑、也責無旁貸地向外移出。

除了被賦予改善經濟生活的使命外，女工也因為承受夫家的精神迫害而不得不走，主因是家人間的不睦，以及農村傳統性別規範下媳婦角色的卑微。樂觀開朗、選擇做自己的海松去了沖繩五次之多，她不斷地反覆強調：「我以前很笨，就是太笨了，應該逃跑算了！也不該生這麼多孩子，娘家和夫家都窮，夫家又出了敗家子，根本也沒分到田產，反正就是貧困。」坐在雜亂客廳的涼椅上、滿臉苦命相的素錦，去過沖繩的次數最多，前後有七、八次，她欲言又止地道出，不斷移出的背後原因是：「公婆根本也不會疼惜我，雖然不至於說是苦毒（虐待），這是很難聽的話，妯娌之間關係也不好，我覺得很不快活，出去會比較清幽，我想好吧就豁出去了，想去外面透透氣，又可賺更多點錢。」海松、素錦的**出國動機看似有些自主**，但平心而論，還是因為**承受來自夫家的經濟困頓及精神折磨而被迫移出**，不變的是，她們仍被期待扮演生產者的角色，此乃當時農村社會根深柢固、難以鬆動的性別規範，也是構成她們之所以必須出國工作的主要推力。

我納悶的是，女工難道沒有其他「個人的」出國動機嗎？看似為家族犧牲的利他主義背後，是否也存在了利己主義的考量？既是為了家族、也是為了自己？國永美智子（二〇一一）訪談一九六〇至七〇年代到石垣島鳳罐工廠的臺灣女工，發現年輕未婚者的出國動機不純然是為了改善經濟狀況，也包括**好奇心的驅使、想到國外走走看看，以及在分不清沖繩和日本異同的想像下，投射出對外國的高度嚮往**。二〇一一年一月，我在石垣島訪問已歸化日本籍的鳳罐女工高那菜子時，也曾聽聞這種情況，她是彰化員林人，出國時才十九歲，單身又年輕，對於異國充滿好奇。她無奈地道出來沖工作的原因是，父親長年病痛纏身、又被人倒會，出國是為了幫忙還債，且家中兄弟姊妹有八人之多，食指浩繁，脫離貧困是她強烈的出國動機。但隨後話鋒一轉、神情一亮地強調：「當時大家都說沖繩這裡好，有政府出面掛保證（指中琉文化經濟協會），不需仲介費，連船費都免了，感覺可以出國玩一趟見識見識，臺中邱姓仲介來工廠找人時，我們這些原本就在彰化鳳罐廠的女工決定一起報名出國。」剛到這裡的頭一個月，菜子坦承確實也很想家，捧起飯碗就滴滴答答地掉下淚來，女工常常彼此哭成一團，後來有錢賺，領到薪水時很開心就不再哭了。菜子具備技術導入的身分，工作期滿辦理簽證延長時較為容易，後來輾轉到農園及小浜島的製糖廠，最終回到熱鬧的石垣島，在「沖繩罐頭株式會社」的鳳罐廠繼續工作，因友人介紹認識當地男性，通婚定居下來，結束她在八重山整整六年的女工生涯。

與此相對的，本章受訪的大林女工都為已婚，幾乎沒人提及她們對國外嚮往的這個動機，只有進興的太太粘甭第二次出去時，約在民國七十年左右，純粹是為了「想要搭飛機」，那時家裡經濟狀況已有改善，小孩也都陸續成家，只剩么兒在身邊了。

其次，是夫家對於移動形式的干涉。薛做是跟著先生馮田一同去南大東，馮田是仲介簡怨的助手，幫忙在大林甘蔗崙（今明華里）一帶找工人；燕枝也是少數和先生一起去南大東島蔗園工作的女工。除此之外，大多數的人並無家人同行，而是和同村的女性親友或鄰人共同前往，有伴兼壯膽，她們的**移動形式很難說是「單槍匹馬、具高度主體性、自律性」的移動**。這種集體遷徙的形式，是以同村具地緣、血緣關係等原級團體

左：粘甭（丈夫進興提供）
右：出身彰化員林的高那菜子，在八重山當了六年女工，和當地男性結婚後歸化日籍。（2011，作者攝）

的同伴為前提，原級團體（primary group）的特徵是：少數成員親密的面對面關係、成員彼此間有連帶感、提供形塑幼年時期道德意識的社會基礎，維持與其他集團的穩定關係，有助於社會秩序的形成。（長田攻一一九八七）金葉的親大姊、二姊、姑表大姊、婆婆的妹妹、阿姨都一起去沖繩做工，彼此都是家人，總共十八人同行。玉蕊去沖繩是大她十一歲的大姊來找的，她根本不會砍蔗，當時只想有伴有人帶路，而且是想出去賺錢，所以也就不太害怕了。素珍算是最後一批過去沖繩的女工，她的小叔也去那邊的糖廠，同村四名女工彼此認識一起去砍蔗，所以不會怕被騙。

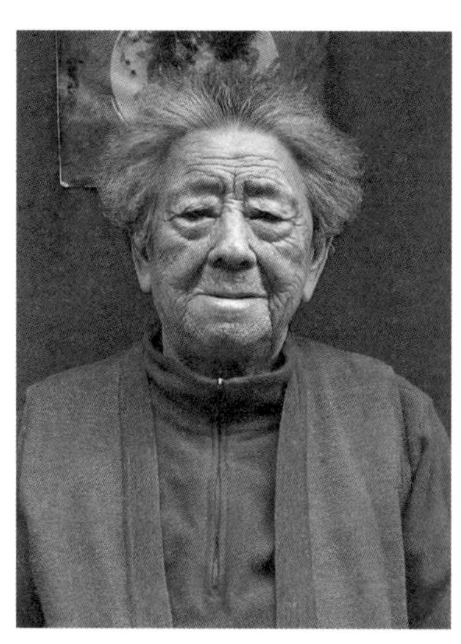
薛做（2015，作者攝）

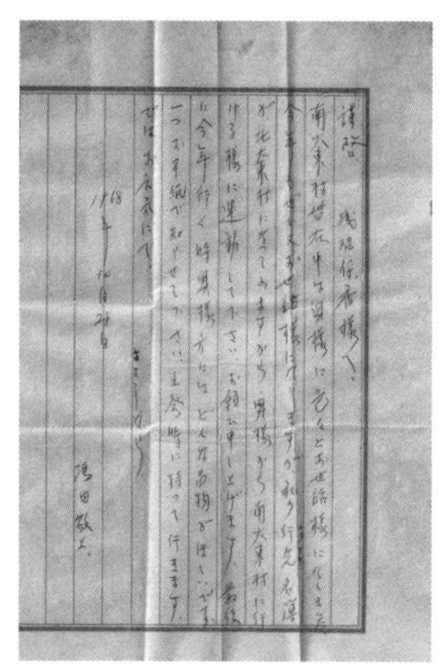
馮田寫給雇主淺沼正彥的太太淺沼保香的信，表明希望能從北大東調到南大東，以及詢問是否需要代為攜帶東西。（淺沼清提供）

然而，這種看似信賴扶持、相互取暖的人際關係，其實也有互相監視的作用，這個機制的存在，使得夫家願意放人，放心地讓她們出國工作，**不太恐懼她們在外地出軌或使壞**。簡怨第一年剛辦仲介時，在梅山那邊被認為是「拐騙」女人去琉球賣身，後來才漸漸被人取信，大林、民雄、梅山、嘉義市大溪厝那邊慢慢都有不少女工過去。淑女第一次申請時，就有人曖昧地開玩笑說「妳們是要去給當別人老婆的啊?!」玉蟬含羞中略帶坦白地講述出國前後的光景：

> 當時莊頭十幾個人本來都想去，後來有些人害怕被騙，**聽別人說是去賺美金、賺美國仔ㄟ、坐捧椅**（**沙發**）、**陪美國仔ㄟ睡……**紛紛拿回報名表，最後只剩下我和同莊另一個叫阿欠的女子，我還比她早去一個禮拜，然後我們才在當地會合。阿欠是我的鄰居，我先到沖繩，她是第二批，抽籤時我們不同梯次，阿欠很恐懼，我交代下船時要叫名字，再把她帶來頭家這邊，她到頭家的庭院時，在曬衣場看到我的衣服，才確定真的抵達，我們立刻相擁而泣，終於見面了。（玉蟬，女，民國二十三年）

可以推知，早期保守貧困農村的已婚女性想要單獨向外移出談何容易，性別規範制約著女工**應扮演安全、規矩、聽話的正常角色**，否則會**被貼上危險、不安於室的負面標籤**。以同村具有地緣或血緣關係等原級團體同伴為前提的移動形式，基本上還是在性別規範的默認、許可範圍內，也正因如此，女工的夫家能夠容忍願意放人，看似對她們人身保護的宣示，其實也是變向的監控。這些條件的配合與俱足，讓這些目不識丁的農婦，能夠順利地從南臺灣的純樸鄉村去到沖繩的偏遠孤島，從大林的農事轉換到沖繩的砍蔗，使得這趟跨國之行似乎沒有太大的阻礙。

還有，夫家在女工出國期間的支援非常重要，由丈夫、公婆或年長子女代為照料家務，遞補母親、媳婦等角色暫缺的空窗期，讓女工無後顧之憂地在國外打拚。四、五十年前大林的一般農村家戶大多是三代同堂的父權制大家庭，這些女工和公婆及夫家的兄弟、妯娌及其子女共同生活，沒有分家，在三合院內形成一個**共食、共住、共收支的小小共同體**。夫家的這種家庭結構，未必在她們離家期間對家務給予無條件、全面性的協助，但相當程度提供了她們**得以「放尫放子」、順利出國的重要基盤**。淑女有四個女兒和兩個兒子，出國時是由前面兩個大女兒幫忙在家煮飯、帶弟妹；寶珠的孩子由丈夫帶，當時已育有一男三女，大女兒大揹小，幫忙做家事帶弟妹，七歲在灶腳（廚房）看一邊燒柴一邊做飯，就學會了，非常能幹。金葉的婆婆掌控夫家大權，她會幫忙照顧打點家裡；素錦和公婆及丈夫的兄弟同住同吃，沒有分家，彼此都可幫忙；素真的公婆沒有幫忙，由丈夫一個大男人帶三個小兒子。但女工移出後的角色遞補以及來自夫家的支援，也可說是另一種家族羈絆，牽制著女工對夫家不斷地效勞、效忠與效命，她們勢必得準時返鄉，簡怨就說：「我代辦仲介都會要求女工按時回臺灣，不能無故滯留，因為她們都有家庭，如果有人想多賺、想多留些日子，還是需要先回臺再辦一次出國手續。」

由此觀之，夫家是決定女工出國工作的重要主導者，它不是阻力，反倒是推波助瀾的力量，但夫家這股推力的背後，可能是牢牢箝制、而非解放女工的性別規範。性別規範與出國打工兩相互嵌，出國打工是夫家賦予女工的家族生存策略，這個策略的決定權，幾乎不在女工身上，而是在於夫家，以夫家為主、為尊所延伸出去的性別規範期待女工去扮演勞動者、生產者以及安全、規矩、聽話的角色，可以說從離返歷程的開端，女工的命運就注定要和這些性別規範緊密扣連，它也延伸到旅地，並影響返鄉後她們在夫家的地位。

苦旅的過客

女工出發上路後，看似暫時從夫家三代同堂父權制家庭中鬆脫出來，但卻是另一趟苦工旅行的開始，到底去沖繩做工這件事，對她們的人生而言，**是從農村性別規範中「鬆綁」、還是被其他的束縛再次綑綁？**原鄉的性別規範能否改變的因素之一，乃取決於她們在外地時的工作與生活經驗，這個經驗多少影響到她們返鄉後，對於自己在夫家的處境、位置及關係的看待，因此，有必要重返她們在沖繩工作生活的真實情境。

受訪的女工大都是去到南大東島砍蔗，紫鳶、楊卒、劉招三位是少數去到石垣島、沖繩本島鳳罐工廠的人，我常去探望獨居在三合院的紫鳶，她清楚記著自己在沖繩移動的路徑和

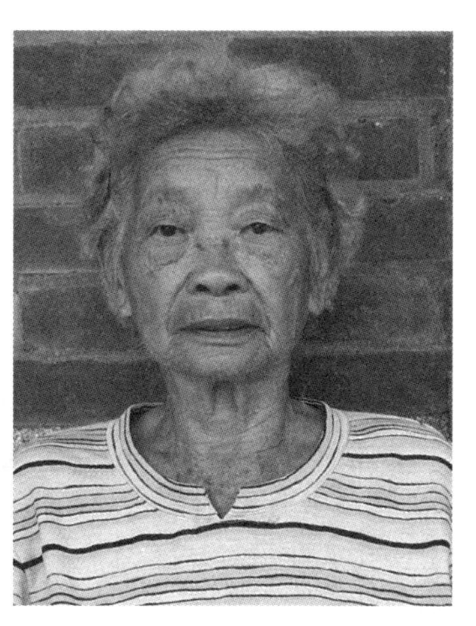

紫鳶今昔（左：本人提供，右：2015，作者攝）

時間：「冬至十二月採收甘蔗的季節時，我先去南大東島砍蔗，結束後約隔年的五、六月，再到沖繩本島的鳳罐工廠。鳳罐工廠的薪水比砍蔗要來得少[6]，因為技術性低，只是清洗鳳梨而已，工資是以天數來計算，砍蔗則是以把數和噸重來算。甘蔗採收季節過後，還要施肥除草，有人嫌待太久了，會選擇先回臺灣，而不是直接到鳳罐工廠繼續做，等回臺辦完手續後再次前往，我算是利用甘蔗採收季節過後的空檔，直接去鳳罐工廠繼續做工。」人稱長腳嫂的劉招是去到鳳罐工廠，沒去砍甘蔗，她的大女兒和先生都比她早去沖繩，她的回憶是：「我先去石垣島的鳳罐工廠一個月，主要工作是把鳳梨的頭尾剁掉，之後就用機器削皮去心，剩下鳳梨的果肉，再用人工切成塊狀裝進罐頭。鳳罐工廠內的工作分成機械處

左：年輕時的劉招，人稱長腳嫂。（劉招提供）右：劉招（2016，作者攝）

理和人工處理，都得要顧到，挖鳳梨眼得用人工，機器做不來，我沒有戴手套，當然都會割到手。後來我又坐船去沖繩本島，也是到鳳罐工廠待了一個月。」

多數去南大東島砍蔗的女工異口同聲地強調，這是一趟不折不扣的**做工遊覽**、**苦工旅行**，所謂的痛苦，除了忍受往返臺沖時的暈船、剉甘蔗的手痛、體力勞動之苦外，還得承擔精神上的苦痛：想家。

首先，是暈船之苦。早期女工都是從基隆港搭船到沖繩，一九七〇年代晚期之後才有飛機可搭。寶珍會暈船，每次去都會很不舒服，甚至到了那裡還覺得在地震呢；秋茶說好多人暈船，船艙內不時怪聲四起，她都不想待在裡面。玉嬋是村裡面最早一批過去的開路先鋒，她記得先到基隆港集合，經過五天四夜才抵達沖繩，暈船吐得厲害，頭也很痛，非常疲累卻睡不著，日本小孩拿便當過來時都沒吃，全倒在海裡餵魚。同行者中有人暈船暈到快斷氣，想乾脆跳海去死算了，在船上要上廁所還要別人攙扶，本來回程想坐飛機，但要好幾千元實在太貴了，而且船票是頭家出錢，只好忍受又再暈了一次，這也是她不想再去沖繩打工的原因。代辦女工出國手續的木川直言，女工們以前在大林頂多騎腳踏車，很少利用到汽車、摩托車、計程車，她們出國坐船暈得很厲害，吐得亂七八糟，連膽汁和蛔蟲都吐出來了。海比船大，船再大也沒用，還是會暈。不管心情多麼痛苦，為了生活家庭打拚，為了錢一切都得忍耐，暈船上吐下瀉時都說：「啊，我明年不來了」，結果明年還是照來，不拚不行，農業時代經濟很苦，大家都爭著要去賺錢。

再來，就是勞動之苦。她們在沖繩的時間不長，通常從年尾到隔年的四、五月期間，配合冬季甘蔗採收的季節而停留，頂多五、六個月，少則二、三個月。紫鴛不假思索地回答：**「為了賺錢才過去的，去那邊是生死門，不是養生堂耶！」**以女工在當地最主要的工作剉甘蔗、攬蔗根仔（清除掉不需要的蔗葉、泥土、根部的鬚）來看，雖然她們多數人在大林就做過這些農事，駕輕就熟，但腰酸是常有的，因剉甘蔗時得蹲下去再站起來，背痛、手痛更是家常便飯，自己從臺灣帶了鐵牛運功散來吃；還有燒完甘蔗後，全身燻的黑黑髒髒的，味道去不掉不說，也很難完全清洗乾淨。玉蟬回想痛苦的事就是，手腕關節因剉甘蔗弄到疼痛發炎，貼撒隆巴斯也沒用，頭家還找人幫她按摩，但愈按愈痛，只好忍耐地邊做邊哭。說話慢條斯理的淑女說，去沖繩都是年尾的冬天從臺灣出發，在當地剉甘蔗時天氣忽冷忽熱，早晚雖然很涼，但中午大太陽底下真的很難熬，手指都做到皸裂；有一次眼睛被紅甘蔗[7]刺痛，頭家帶她去診所洗眼睛，不僅價錢昂貴，還差點把眼睛弄瞎了！金葉也提到剉甘蔗導致手痛的事，晚上睡覺前整隻手幾乎僵硬，又麻又痛難以忍受，也不知是太冷、水質不好還是疲勞過度，其實上工時都有戴手套，但似乎並沒有改善。燕枝在那邊都睡不好，因為工作太過疲累，右乳房腫脹化膿，左手指也疼痛變形。

女工一天的作息是在蔗園、宿舍兩地間來回穿梭，生活的絕大多數時間，都是和其他臺灣女工朝夕相處，也很封閉。生活作息大致如下：天還未亮就得起床輪流煮飯，早餐過後馬上包便當到蔗園上工，主要是剉甘蔗，但也要做鋪路、施肥、除草等其他雜事。中午就在蔗園吃便當，休息片刻後再一直做到天黑為止。傍晚收工回到女生宿舍，由女工輪流煮晚餐，然後是吃飯、洗衣、洗澡、磨刀、縫手套、剝月桃等日常諸事的反反覆覆，接下來就是累垮地呼呼大睡。那麼，面對這趟苦旅中身體所承受的負荷與苦痛，女工是否懂得善待自己，對自己好一點？素錦的身體不佳，出國前很瘦經常頭痛，為了顧身體，到沖繩後常常晚上買養命酒來喝，身體真的變好，變胖了頭也不痛了。為了養生養體力，雪綢在沖繩那邊就開始喝養命酒了，顧肝胃的藥也每天吃……這是我在漫長的訪談中，聽到女工純然為了自己、對自己好的極少數敘事內容。

在這趟漂洋過海的苦旅中，**和原鄉性別規範較有關連的是「想家」**。對剛剛守寡的秋茶來說，最痛苦最害怕的事，莫過於思念那五個沒有父親的孩子，不知他們是否過得安好。金葉一邊回想著過往，眼角開始泛著淺淺的淚光，她是農曆年前搭飛機過去沖繩的，新年、元宵節都是在那邊度過，晚上回到工寮後一直哭，因為太想家、想三個兒子、想丈夫，也想到自己過年還在做苦工真的很可憐。同行的素錦是金葉的堂姊，曾夢到公公突然過世，女工們大家唏哩嘩啦地哭成一團，後來才彼此安慰說，「沒死啦，要是真的死了，就會打電話過來了！」比較特別的是玉蟬，她的先生是招贅進來的，所以她少了身在夫家的壓迫感或委曲，但她在六歲時母親就過世，父親再娶，她與繼母關係不好，人在沖繩的期間，由七十幾歲的祖母幫忙帶三個小孩和操持家務，也就是曾祖母帶阿孫的「隔隔代教養」，但她仍非常牽掛。坐船時還做夢說要準備村內農曆三月初三的拜拜，擔心客人來了沒人煮食，常常望著茫茫大海，想家想到掉眼淚，當初去的時候並不知道會做多久，也很不安又沒辦法打電話，不識字當然也就沒寫信，所以做完四個月後，沒有再轉去鳳梨工廠就直接回臺灣了。我訪談玉蕊時，她的兒子剛過世，她滿臉愁容、強忍白髮人送黑髮人的悲傷，訴說當年想家的心境：

> 我記得休息時，在甘蔗田裡聽到從糖廠播放的臺語歌曲，歌詞是和肥豬有關……都會讓我想到臺灣的家，我的丈夫現在好嗎？我的小孩有健康嗎？也因為這樣，讓我想趕快賺錢回家！在路上看到和我一樣從臺灣來的工人，就會增添一份想家的感覺。大家都是因為經濟關係，獨自到這裡工作，也都希望家裡經濟可以改善，想到這裡，不禁難過起來了！我當然會想家，路途遙遠，坐船要兩、三天耶，我也有收到家書過。（玉蕊，女，

民國二十九年生）

可以理解，**想家時家書成了重要的傳輸證物**。海松在南大東島時，常常一邊低頭砍甘蔗、一邊抬頭看飛機，看看有沒有誰的家書寄來。木川有高職學歷，常幫忙女工處理雜事、和頭家聯絡、陪女工聊天，紓解思鄉之情的具體做法就是寫家書。他回憶說，鄉下人保守沒出外過，坐船要一個禮拜，晚上無聊一想起家人就流眼淚，情緒低落，但明天還是得工作，她們拜託他寫信，這也是他的職責所在。有小學學歷的楊卒在沖繩時會幫忙唸家書給女工聽，她們都會哭也只顧哭，有的女工不識字，卻把家書一直帶在身上，工作流汗都溼透了，信紙也變得皺巴巴了。

由此看來，出國工作這件事，確實讓她們短暫地從夫家三代同堂父權制家庭的牢籠中鬆脫出來，也毋須看到公婆、伯叔、妯娌的臉色，卸除了日常生活中媳婦角色的無奈與悲情。但是，到沖繩的這趟苦工旅行，她們有身體上（勞動）和情緒上（想家）的其他綑綁，這些綑綁占去了她們相當長的時間，也耗盡了她們大部分的精力。因此，推測她們停留沖繩的期間，只是在白晝與黑夜、工作與休息的轉換間疲憊地度過，匆匆地走完這趟異地之旅，並沒有在意識上接受太多的刺激或變化。

返枷的歸人

移動所引發的「性別秩序與權力關係的變化」是性別與移動研究的重點，其變化結果不外是改善、惡化、重組之後非對稱（restructured asymmetries）關係的維持。透過移動，女性身處性別上的不平等關係或許有部分改善，但男女權力關係的非對稱性依舊殘存，只是形變而已。這種關係的消長常常受制於：她們是男性的家屬隨員、獨挑家庭責任的女人、還是進入勞力市場改變自己在家中地位的女性，是否有扮演「經濟生產角色」及如何扮演，相當程度決定了她們在離返、性別秩序、權力關係中的處境。（Tienda and Booth 1999）女工之所以出國工作，是被夫家當成一種家族生存策略，被期待去扮演勞動者、生產者的角色，**返鄉後她們在夫家的地位有何變化？她們與夫家的關係是否改善、惡化、還是重組之後不對等關係的持續呢？**

玉蕊拿著她從沖繩帶回來的養命酒，放了四十年沒有開封。（2016，作者攝）

對所有女工而言，這趟遷徙最大的意義就是賺錢，改善夫家困頓的生計，是她們最具體的收穫。返鄉前夕，女工們買了各類土產、藥品及補品，如養命酒、硫克肝、武田合利他命、救心丸、征露丸等，比臺灣優良的裁縫剪刀及毛線，以及當時好吃、好貴、好稀罕的大蘋果，素真甚至帶回了紫菜，那是在南大東島海邊退潮時去揀拾的，用洗衣機脫水、吹風曬乾後帶回臺灣；返鄉之後，她們馬上把賺到的錢拿來買地、還債、蓋房子、解決小孩的教育費、醫療費、張羅夫家的生活費。燕枝出國前，大兒子胃腸肝臟白血球都出問題，奄奄一息快死了，花了近六千塊的醫療費，這也是她想去沖繩賺錢的原因，所以一回國就急著還錢給人家。

出國時雖然已經分家、沒有和公婆同住的玉蕊，賺回來的錢還是乖乖地拿去還夫家的欠債，和先生的大哥分擔，當初借多少就得還多少。五年賺回來的錢最後只剩一萬元，買了頭牛幫別人耕田後，才慢慢開始有存有賺，蓋了兩間杉木房子，過程中她的娘家都有幫忙，資助需要的建材及金錢。她再度感慨地嘆息，這趟旅程就是為了還債，丈夫兩兄弟共積欠了三萬多元，她不去賺錢家裡根本就還不了，之後有些錢才開始蓋房子，否則全家都一直住在嚴重漏水的房子。同樣也已經分家的雪綢，四個月捧了兩萬美金回來，賺飽飽地拿去銀樓兌換，馬上翻修舊屋頂，家裡原先是兩間竹筒厝和土角厝的殘破組合，下雨都會漏水滴滴答答，之後就改用四方型堅固大塊的杉木建材，還蓋了間豬寮，買了一頭牛。玉蟬回國後，馬上把賺來的錢拿去還債，那是養八隻豬欠的肥料錢，所有的錢都花在家中的開銷或小孩的教育費，又買了六分地，還重新蓋了房子，出發前往的是打從她出生以來的竹筒厝。

女工返鄉後對於改善家計確實有明顯而立即的貢獻，但是，她們**對於自己漂洋過海辛苦賺來的錢，全然沒有分配權或使用權，這個權力仍落在掌控經濟大權的公婆或先生手裡**。金葉把錢全數交給婆婆，丈夫也沒權，做主分配輪不到他，從一開始家裡用錢全部都要跟公婆拿，包括小孩生病看醫生花錢都是。素錦前後去過沖繩七、八次之多，前三四年賺的錢原封不動全數交給公婆，後來是分家了，但錢還是交給丈夫，自己身上沒有存任何錢。秋茶則把三個多月賺到的美金足足換成一萬元臺幣，但也全部交給婆婆，從前丈夫在世時就是這樣處理，家中經濟大權全掌握在嚴厲又愛打扮、愛漂亮的婆婆手中；勉強算得上私房錢的是，她把南大東蔗農家的肥料袋帶回臺灣，洗好染好後，轉賣給生意人換取一些小錢。

比較幸運的可能是賴菊和寶珍了，勤勞又強勢的賴菊是童養媳，出生才四個月就被送來夫家，她第一年賺回來的美金全數交給公公，還有同住的小叔們也需要用錢，她沒有留半毛錢在身上，第二年她才留了一百美金在身邊，然後去標會、買地、買房收租金，開始想要打點。沉默害羞的寶珍慢慢地吐露，返鄉後婆婆和丈夫對她一如往昔，婆婆人本來就很好，幫忙顧小孩，也不會嫌棄或嘮叨，寶珍買了一張草蓆給她，一瓶養命酒和顧肝丸給先生。先生對她不錯，她賺回來的錢買的那五分地是登記她的名字，先生把複本拿給她看，雖然她不識字看不懂，但知道上面寫的是什麼。

如果追問：女工與夫家的先生、公婆、叔伯、妯娌間的關係是否有所改變、如何改變？受訪者幾乎都說沒什麼感覺（還是不想談論）。心直口快的進興搶著說，太太回來後把錢都交給他，她對錢也不懂，都是由他拿去嘉義土地銀行兌換，出去前她就是規規矩矩，嫁雞隨雞，每天要服侍公婆照顧小孩，還有一堆家事要做，這些忙完還要下田工作。她從琉球回來後還是一樣照做，沒什麼改變，反正都是夫妻，沒有分那麼清楚。

之前侃侃而談、卻突然變得拘謹起來的淑女，急著辯解說：「我這個人嘛，有錢沒錢都一樣，講話不會因此變大聲。賺回來的錢拿去蓋房子，但丈夫還是對別人說房子是他蓋的，**我也不會張揚房子是我出錢蓋的，仍然以丈夫為主，顧及他的面子**，這也談不上是什麼尊重啦。」本來就有些逃家、翹家念頭的素錦懶洋洋回說，她和家人的關係沒什麼好或不好，倒是與同年齡丈夫的感情有稍微好轉一點點（露出冷笑！）。金葉斬釘截鐵地說，公婆的態度和她出國前沒有兩樣，還是一樣的權威、霸道，先生當然也沒什麼改變。命運比較坎坷曲折的是秋茶，丈夫死後，婆婆嫌她一家六口吃這麼多米，她才毅然決然於隔年出國賺錢，她一邊回想一邊語帶哽咽、眼眶泛紅地說：

我赴琉球時約三十七歲，丈夫於前一年剛過世，五個小孩最小的才七歲，得了腦膜炎，最大的女兒十三、四歲左右，正好是民國五十七年最後一屆要考初中，她念大林初中。我出去時公婆幫忙我帶小孩，當時的家庭收入就是做田裡的農事。前夫後來生病，他也有意讓小叔娶我，前夫算是我們真正的媒人。五個孩子沒有喊他爸爸，還是叫他叔叔，大家彼此互相尊重。我真的好可憐喔！從琉球回來後不久，小叔就開口求婚，我想他沒娶妻過，而我已經有五個孩子了，不能耽誤人家，但他說妳就是「水啊」（漂亮）。我算奉公婆之命被逼著改嫁，身旁的女性親戚也七嘴八舌、推波助瀾，小叔也說要我幫養五個小孩，算是他開口求婚吧，我曾經為此哭得很傷心、很厲害。後來我毅然決然改嫁，我們又生了兩個孩

左：年輕時的秋茶，這是她第一次出國的護照相片。（本人提供）
右：秋茶（2016，作者攝）

子，夫妻感情算好吧。（秋茶，女，民國二十二年生）

相較於先生和公婆的故態依舊，留守在家的子女對母親的態度沒有差別，可能是女工返鄉後最大的安慰。素真覺得回國後她可以自己帶小孩煮飯，讓他們吃得比較好，小孩長大才是她的希望，她唯一賺到的就是「賺到小孩長大」。滿臉笑容的寶珠在琉球最痛苦的事就是會想家、想孩子，但讓她最慶幸的是，即便離家這麼久，她的孩子們還是認得她這個母親。作風強勢的賴菊本來也考慮孩子太小，不敢過去沖繩，後來第二次才提出申請，她回國時三個小孩都去臺北迎接，讓她非常感動。寶珍返國前夕買了幾綑毛線，回國後請人打毛線衣給小孩穿，她說每次從沖繩返家，小孩們都很開心來歡迎，不會因為她出去工作了一段時間，而對她感到陌生或覺得彆扭。燕枝也笑說，回到大林的家都半夜三四點了，小孩看到她都很高興，她覺得自己的辛苦是有代價的。

返家之後，女工在夫家的地位似乎很難全然的改善或惡化，而是重組之後不對等關係的維持，可從經濟面與關係面兩點加以總結。夫家打從一開始，就期待她們**看待出國工作的意義簡化到只有經濟層面**，女工也確實對於改善夫家的家計有所貢獻，將海外工作的辛苦收入全數交出，展現對於夫家的效勞、效忠與效命，但她們對這些漂洋過海辛苦賺來的金錢幾乎無權過問，從所有權、使用權到分配權，都不曾掌握。家庭內的關係變化則是，年幼的子女是她們的慰藉，她們與夫家的公婆、兄弟、妯娌、丈夫的倫常關係，變化不大，究其原因，除了女工本身對好媳婦這個傳統性別角色的認知根深柢固外，農村父權制家庭內倫常關係的不對等，確實難以跨越、難以翻動！

因此，期待她們去省思、甚而顛覆農村性別規範下傳統女性的地位與價值，進而重新塑造自我的形象與認同，對夫家而言，是無法容許，對她們來說，也是天方夜譚。她們只能繼續默默地吞忍，才是在夫家繼續立足、生存下去的唯一方法。她們又回到以夫家為主、為尊的生活世界繼續度日，在性別規範主宰的既定軌道上，無奈而習慣地過著出國前的生活，這些陰影從出發到返鄉，無所不在地籠罩著，緊緊綑紮著她們的身體與靈魂。

最後，從女工的移動地、移動次數、移動後的工作內容三點再做進一步的連結，剖析漂洋過海到沖繩打工這件事，到底對她們返鄉後造成什麼樣的影響，以及這個影響為何終究難以鬆動夫家家庭內的傳統性別規範。

第一、**移動地**：這種移動不是經常被提及的城—鄉移動，她們只是從貧困的臺灣偏鄉遷徙到荒涼的沖繩離島，她們不是在經濟條件、生活型態、價值觀等方面落差極大的城鄉之間遷徙，因此，推斷女工所受到的變化、刺激或影響並不強烈。

第二、**移動次數**：她們的移動屬於暫時的季節性移動，當初之所以渡海到沖繩工作，主要是接受國嚴重缺工，為了補充該地鳳罐產業和糖業勞工短缺而出現的臨時性替代，在這種方式下被引進的移工，通常只被允許單次往返於接受國與送出國之間，只被圈限於特定產業的內部，在接受國沒有太多的行動自由。此外，這種暫時的季節性移動，移動者原本就沒有打算永久離鄉，對於移居地可能也是若即若離，因此，較少出現返鄉後的適應不良，或難以回到村落共同體而面臨不得不再移出的困局。（Deshingkar & Farrington 2009）素錦去過沖繩七、八次、海松和玉蕊五次、寶珍和紫鳶三次、淑女兩次，其餘的女工都是單次往返而已。可以說，基於移動地與原生社會兩方差異不大，加上女工多屬單次往返，使得她們在移動地和原生社會兩邊，都不太需要面對適應或抵抗的難題，她們尋求改變自身在夫家卑微地位的可能性也大符降低。

第三、**移動後的工作內容**：除了紫鳶、楊卒、劉招三位在沖繩本島或石垣島的鳳罐工廠曾短期滯留外，多數女工沒有因移動而進入工廠或其他現代化的產業部門，而得以從繁重耐操的農事中解脫出來，她們唯一卸下的是在夫家的家務勞動，基本上她們去到的蔗園以及從事的工作內容（砍蔗、攬蔗根仔、施肥、拔草），都和出國前在大林做的沒有兩樣。簡言之，工作內容屬於**離村不離農**，她們對於工作已有相當程度的熟悉，都是需要勞力、體力、耐力的粗活，同時，這些工作耗盡她們多數的時間與體力，使得她們也難有餘心、餘力去思索改變自我命運或地位的問題。

從女工的移動地、移動次數、移動後的工作內容三點，可以更明白地看到，她們只是從原來的偏鄉農村，渡海到沒有太大差異的荒涼孤島，歷經單次或少次的往返、短期的停留，以及在圈限的甘蔗園內，跟著一群出身同鄉同村、具血緣地緣關係的女性，做著類似在原生社會已然熟悉的砍蔗農事，不需要花太多時間去適應或抵抗接待社會的種種。這趟苦工旅行缺少足夠的外來刺激，無法帶給女工一定的自我省思，讓她們對身處農村性別規範下的困境與卑微有所覺醒。不少研究強調，泰國農村女性到曼谷工作後，大都會的嶄新消費生活及價值觀，對她們日後返鄉的自我認同有一定的影響，對於意識層面的啟蒙與躍升發揮不小作用，甚至翻轉農村社會性別規範底下傳統女性的地位，進而重新塑造自我的形象與認同。（莊韻慧 二〇〇三，Mills 1999）相對於泰國這些**離村也離農**的女姓，大林的已婚砍蔗女工呢？她們在沖繩期間受到的外來刺激相當有限，沒有什麼契機可以讓自己去大開眼界，返鄉後也沒能有太多的心力去意識覺醒，或想翻轉自己在夫家的卑微地位、撼動不平等的家族關係。

我從離返與性別規範的關連性這個角度，重返五十年前南臺灣偏鄉已婚婦女的跨國生命經驗，雖然它是一個已逝的、被多數人遺忘或根本未曾聽聞的往事，但貧困農村婦女的跨國遷徙現象，目前仍在許多發展中國家如印度、中國、越南持續發生，越南民間有「困難之家依賢妻，為難之國靠良將」的說法，全家母女幾個人一起出國賺錢的現象十分普遍。（韋福安二〇一四）因此值得關心的是，挖掘不同文化脈絡下女性移動前後、離返之間生命歷程的具體改變，無論是她們對傳統性別規範的挑戰、或是屈從。

注釋

1 「嘉義縣東石鄉去年四月發生全國矚目的婆婆毆傷媳婦紛爭，引發村民聚集分駐所前聲援。本案涉及毆打媳婦的龔姓婦人，嘉義地方法院今年二月依誹謗、傷害罪，判處應執行有期徒刑六月，得易科罰金。」〈**婆毆媳紛爭　東石鄉民團警所　四人判拘役**〉，《聯合報》二〇〇九年七月十七日，第B2版雲嘉綜合新聞。

2 馬克思主義女性主義者上野千鶴子（一九九四）指出，再生產（reproduction）的定義有三：生產體系本身的再生產、勞動力的再生產（家務勞動）、以及人類的生物生殖的再生產。再生產結構是指對於女性的管控與宰制，它最終也會影響到生產樣式，家庭就是再生產與生產的複合體。

3 對女性移動形式及人身安全的管控，不僅出現在夫家、也在國家。中華民國政府擔憂鳳罐工廠女工和沖繩當地男性發生關係，為了預防不測，故設定男工派遣。又，南北大東島生活機能欠佳，女子宿舍沒有警衛，對三十歲以下未婚女性不利，為確保人身安全，建議派遣單位加強環境整備。（八尾祥平二〇一〇）當時政府從警備總司令部安全局調派駐沖安全調查員，業務之一是女工夜間外出的管控，指示盡量採取集團行動，且須有男性同行。（吳俐君二〇一二）

4 當時存在了非法或合法的商業仲介，女工赴沖引發佣金糾紛〈**涉嫌利用勞務輸出走私剋扣工資**〉，《聯合報》一九六四年八月二日，第三版；在桃園屏東花東各地出現了「假仲介」〈**琉球製糖公司　招募伐蔗工人**〉，《經濟日報》一九六七年十一月三日，第七版；〈**兩名歹徒耍花槍　百餘山胞上惡當**〉，《聯合報》一九七〇年十月七日，花蓮地方版第三版。

5 李素月編（二〇一五）《宜蘭女聲：阿媽的故事（童養媳、養女篇）》、曾秋美（一九九八）《臺灣媳婦仔的生活世界》、許郁蘭（一九九七）《臺灣媳婦仔制度的社會文化分析：身體管訓、主體性、與性別權力網絡》、吳鳳珠（二〇一一）《養女招贅婚家庭之權力圖像》、許佩瑜（二〇一三）《一位童養媳阿嬤的生命故事：從自卑中淬煉堅毅》都提及家庭內的性別規範和權力關係。

6 鳳罐女工每月薪水是三十六至四十・八美元，參考如下，「待遇是**每小時工資一角五分至一角七分**

之美金，每日工作時間八小時為原則，聘期為一年。」〈鳳罐女工一批　日內赴琉工作〉，《經濟日報》一九六七年七月一日，第四版。砍蔗工的薪水參考如下，「工作期間為半年，自本年十二月初開始，每天工作八小時，**男工每月工資八十美元以上，女工六十美元以上**，供給住宿另加膳食補助費每天美金一點四角，晚間六時以後至十二時加班費加百分之二十五，十二時以後加百分之五十。」〈琉球製糖公司　招募伐蔗工人〉，《經濟日報》一九六七年十一月三日，第七版。

7 紅甘蔗是一般的食用甘蔗，做砂糖的是用白甘蔗。

第六章

留守的家族

清榮，雪綢的丈夫，民國三十年生，排行老四，沒上過學。他認命卻不認輸地說：「父母不讓我念書，不疼我也不管我。十八、九歲時，我在梅山一個老師家學過一個禮拜的漢文，用閩南語發音，買了沈老師自編的漢文字典《彙音寶鑑》，他教我如何使用漢字，之後我就自修，可以讀報看電視，但國語我聽不太懂、也不會說。我在班上還當副手，算是小老師吧（頗為得意）。我沒有去國小補校，那是教ㄅㄆㄇㄈ的，系統不同。」

第一次到雪綢家，她對於訪談雖無抗拒，但也草草帶過，反倒是她的先生比較健談，一開始就急切地表明自己是「識字」的人。先生並未阻止她去沖繩賺錢，後來她也承擔照顧娘家的責任，因為娘家無男性弟兄，這些都是在先生的默許下進行，但她在夫家仍不能太招搖，還是以先生為尊。訪談時間還不到十一點，雪綢就藉口躲到廚房準備中餐去了。（田野日誌：二〇一五年十月二十五日）

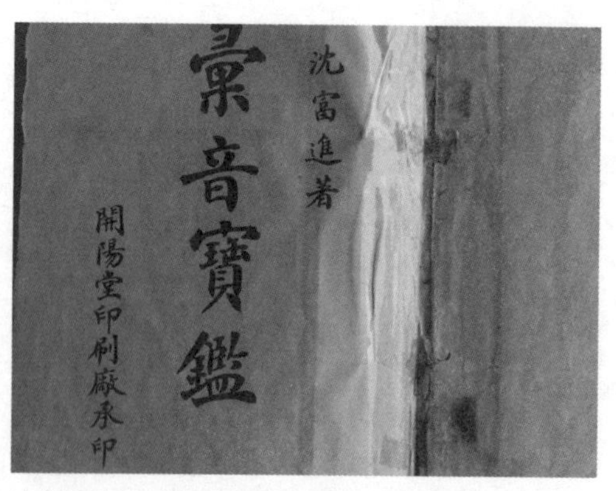

清榮年輕時自學使用的《彙音寶鑑》（作者攝）

為了更深入掌握前章夫家在女工出國期間的支援、苦旅過程中女工的想家到底如何影響返鄉後她們在夫家的地位，我透過頂替親職的丈夫、翹首等待的子女、離家北上的少年三種人的現身說法，瞭解留守家族的生存樣態，發現這些生存樣態是支撐女工在沖繩時的重要後盾，也牽動了女工返家後處境的變與不變。我試圖回答的是：這些漂洋過海的已婚女工，為何終究只是返枷的歸人。

頂替親職的丈夫

首先，借由大林四位留守丈夫（清榮、萬枝、進興、海棠）的口述回憶，重返當年他們鮮為人知的處境和心境，分成兩部分：丈夫留守的原因以及留守丈夫的樣態。

丈夫留守的原因很多，剛剛受傷不良於行的清榮直言，當時家裡就是經濟不好，稻子快要收成時，他得經常向米店借錢或賒帳，然後再拿去還，他認為太太雪綢去沖繩其實是在當外勞。坐在一旁的雪綢也明講：「我有三個小孩，老大是女兒，老二老三是兒子。我們夫妻都在工作，我去沖繩時小兒子是送回娘家給我母親和外婆帶，回來後發現帶得很好，他變得很會走路，老大老二則是先生一個人帶在身邊。我一結婚就算分家了，沒有和公婆同住，雖然他們就在附近但也不會幫忙，我先生排行老四，兄弟多顧不到了。丈夫留下來是因為家裡有田地，需要人力耕作，那就由我去沖繩了。」

我第一眼在安林宮看到萬枝阿伯，就直覺他穿的內衣很白很新，他笑笑地說自己確實是蠻愛乾淨的。目前擔任廟公的他不諱言是從溪口鄉被招贅過來上林的，來太太家就是要來做事，婚後和岳父母同住，賺的錢都原封不動交給他們。岳父身體不好小中風，家裡的田地農事萬枝都得幫忙，所以當初是太太楊卒去沖繩打工，不是他出國。楊卒也隨後補充說：「我第二次再去南大東島時，已婚，父母幫忙帶小孩，父親小中風，不能到田裡工作，反而是母親到田裡做事，父親在家煮飯帶小孩，我兩個孩子也都很乖，不哭不鬧。我丈夫做家事很行，他也願意幫忙做，男女

雪綢的丈夫清榮（2018，作者攝）

楊卒的先生萬枝（2015，作者攝）

分工。」

進興高齡八十七歲，能說善道、話匣子一開欲罷不能，他民國四十六年當兵退伍後回來耕作，但收入有限，為了家中生計，太太粘甭決定前往沖繩賺錢，前後共計兩次。「她第一次去是為了賺錢，常為了借不到錢而哭泣，我只好跑去嘉義土地銀行借，小孩都還小學費壓力大，註冊時常常讓我很頭痛。第二次去的時候，她純粹是為了想要搭飛機，那時家裡的經濟狀況已有改善，小孩也都陸續成家，只剩么兒在身邊，太太說就像是出去迌迌，又可以賺到錢。」但為什麼是進興留在家裡呢？因為家裡有種甘蔗和花生，都需要人力，他還是嘉南水利會的小組長，做了五十年，每天得巡查灌溉用水，半夜有時也要去開關水閘門，根本走不開。

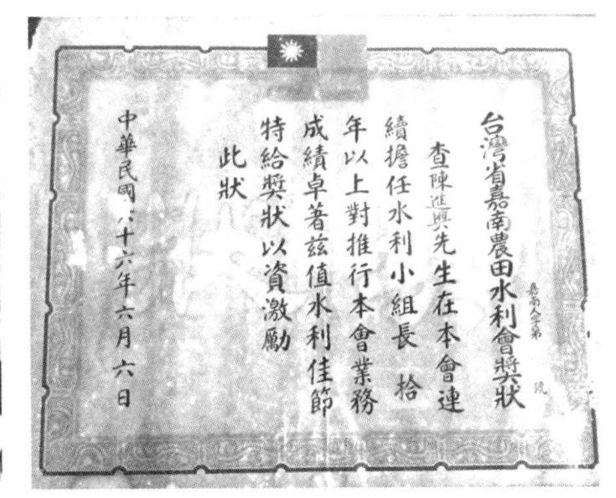

台灣省嘉南農田水利會獎狀

查陳進興先生在本會連續擔任水利小組長拾年以上對推行本會業務成績卓著茲值水利佳節特給獎狀以資激勵

此狀

中華民國六十六年六月六日

左：粘甭的丈夫進興（2017，作者攝）
右：進興擔任嘉南水利會的小組長已逾五十年，這是他擔任小組長滿十年，嘉南水利會頒給他的獎狀。（作者翻拍）

曾經務農、後來轉入臺鐵大林站服務的海棠是美音的丈夫，寡言又語帶保留地說出留守的原因。家裡雖有農田，但土地很少，收成也不多，他也得到處打工才能維持溫飽，但農業社會打工收入也很少。砍甘蔗是比較適合女生的工作，男工並不多，所以是他留在家裡、太太出去工作，出外也是為了改善家庭經濟不得不做出的選擇。

美音的丈夫海棠（2017，作者攝）

可以推斷，「丈夫留、妻子外出」的主因是從家庭生存境遇來考慮，想改善家裡窘迫的經濟狀況，家中的粗重農事不能因外出打工而荒廢，留守丈夫責無旁貸地繼續承擔下去。誰留、誰出這個決定的背後乃是家族生存策略的考量，希望達到家庭收入最大化和風險最小化的雙重目標，留守丈夫的出現，是在減少生存壓力和生活風險共同作用下的選擇，是實現農村家庭經濟收益優化的途徑。（馬李娜二〇一一）此外，村中水利管理需要男性勞動力來支撐，多少也牽絆、阻礙他們的向外移出；更根本的是，男性選擇留守是受到產業結構和勞動力市場需求的影響，也就是出外的工作是否適合或需要男性。（仰和芝、張德乾二〇〇六）蔗園的工作也有性別勞力分工，**砍蔗大多是女工而非男工從事，男工也會參與，但他們做的是更為粗重、更需體力的搬運工作，或是車輛駕駛等操作性的技術工作。**

在太太出外的這段時期，除了留守丈夫外，其他的留守者包括娘家、夫家或岳家的親人，都有各自的位置和功能，在農事、家事等生產及再生產領域，他們彼此合作、互補互動，讓家庭的運作盡量一如往常。但即便如此，這些留守丈夫當下的生存狀態及心情感受到底為何？太太返家後，他們的夫妻關係又有何變化或不變？妻子不在時，勞累、責任、生活艱難單調、情感匱乏、傷病困擾等，對多數留守丈夫來說都能忍受，慘的是有時要承受許多難以啟齒的痛苦，甚至歧視、屈辱和被拋棄的感受。（仰和芝、張德乾二〇〇六）首先，他們得承擔許多家事及農事，父兼母職，或由家中其他成員（年長子女、岳父母、父母、弟妹）共同分擔。

清榮的太太不在時，白天他去田裡工作，種稻子、甘蔗或花生，兩個小孩四歲多和三歲就放在家裡，隨他們自己野放，當時很少有拐騙小孩的事，他中午回來煮飯稍微看一下，晚上返家時孩子已經是一臉鼻涕髒兮兮地，屋外的空地也布滿各種動物的糞便，當時家裡就是這種環境（嘆氣）！

進興當時的大女兒念虎尾女中，會幫忙家務，四個小孩不太需要照顧，他只要早上起來煮飯，順便做中午的便當，讓小孩帶去學校，晚上孩子回來再煮晚餐給他們吃。去田裡耕作或做家事，這些對進興來說沒有太困難，他笑說因為從五、六歲就開始做了，跪在地上拔草，全身連腳底都被太陽曬到。太太出去時，他留在家裡很忙，沒有感到什麼痛苦，雖然於公於私都得管。

萬枝的小孩是岳父母幫忙帶，他也裡裡外外都得照應，太太就是出去賺錢，他沒什麼痛苦或輕鬆的感覺。當時大林還沒什麼工廠，賺食機會少，只有做農事，村子裡大家都一樣，出去打工並不稀奇，也沒什麼異樣眼光。他認為夫妻就是要共同打拚，彼此不太會吵架，感情差不多，也沒什麼改變，太太第二次去沖繩的時間較短，因為兩個孩子都還小，所以很快就返臺了。

默默坐在灰暗客廳的角落、倚著白色牆壁的海棠，一字一句慢慢吐出他留守的狀況。

那時我還和父母同住、沒有分家，他們掌控經濟大權，兩個妹妹也沒結婚都住一起，太太不在時，媽媽、妹妹會幫忙料理家務和帶小孩，太太只去了一次，不在家時我得父兼母職。

我們住在上林，但離村子較遠，當時又是獨門獨戶，附近沒有鄰居，大家也都早睡，所以也沒聽到什麼流言蜚語。

太太回來後有留些私房錢，其實她也沒賺很多，只能說比在大林「好賺」，錢大部分還是交給我父母。我太太是那種很認分的傳統女性，又是長女，十幾歲就出來做工吃苦耐勞，**我們的夫妻關係並沒有因為她出國賺錢而有什麼變化，這趟旅途最重要的意義就只是改善家庭的經濟生活，如此而已**。（海棠，男，民國三十三年生）

聽了四位留守丈夫的敘述發現，他們一肩扛下家事農事，頂替太太的親職，這是最基本也最具體的作為，他們淡淡回應留守時的心境，沒有感到特別的痛苦，也不太受周遭的影響，太太返鄉後夫妻關係照舊，嗅不到什麼改變或鬆動的氛圍。

翹首等待的子女

留守兒童指的是：「由於父母一方或雙方外出去城鎮打工而被留在家鄉或寄宿在農村親戚家中，長期與父母過著分開居住、生活的兒童。」[1]出現在本章的一九六〇至七〇年代嘉義大林農村的留守孩童又如何呢？他們留守的時間不長，短則兩、三個月，長則四、五個月或一年半載；共同留守的家族成員多，彼此可以互相照應頂替，因此，推斷父母外出打工，對孩童造成的影響或創傷可能並不嚴重。我從**家庭**、**學校**、**村落**三個層面來看留守孩童的處境，以女工的五位留守女兒（文心、麗珠、惠珍、金玉、芳月）和一位兒子（廷鐔）的角度出發，關照當年他們幼小心靈的狀況，以此對應前章「苦旅過程中女工的想家」到底所為何來。

首先，母親去沖繩打工這件事，確實帶給留在原生家庭的他們不少負面的回憶及情緒，包括：**承擔沉重額外的家務**，**寄人籬下看人臉色**，**感到孤單無助暗黑**……等等，此時能伸出援手的除了父親、祖父母、其他家人或親屬外，似乎也沒有別人了。

文心已從國中主任退休，擁有臺師大、留美的高學歷。念大林中學初中部一、二年級（約民國五十五—六年）時，母親玉娥和同村的人一起去琉球工作，當時是祖母來跟她睡，還有爸爸也在家。母親不在時，父親還是做農事，阿祖時代家中田地有一百多甲，三七五減租後變少，但父親還是得花錢請工人幫忙，母親才去沖繩賺錢。文心一早起床家裡的地一定要掃，上林溪邊有種西瓜得去澆水，做完農事才去學校，下午有空就澆菜曬穀。假日要洗三個哥哥的六件衣服，都是卡其色的長衣長褲。母親不在時，當然是感覺孤單和無助（開始哭泣），母親那時也才三十五歲，她至少去沖繩兩次以上，去多久文心並不知道，她覺得自己變得更堅強，什麼事都頂下來了，只是要承擔比以前更多的農事家事，偶爾會躲在稻穀堆裡看廖添丁的書。

已經為人祖母的麗珠是玉蕊的長女，回家探望剛剛喪子的母親，她淡淡提及當年留守的情況，一開頭便強調：

小時候住的是兩間土角厝和竹筒厝，家裡真的很窮，早上煎好一個蛋，要分給四個小孩吃⋯⋯。那時我大約五、六歲吧，只知道媽媽要出去工作，但不太知道是去哪裡。媽媽不在時，主要是爸爸工作，半夜二、三點就得去民雄批魚貨，早上再拿去賣，我半夜醒來看不到大人在身邊，會怕黑會哭，（當場落淚），剛開始我和弟弟、爸爸一起睡一張床。阿公阿嬤住附近，但已經分家，兩個弟弟後來由他們照顧，有時我被丟到外婆家或阿姨家，感覺有點寄人籬下，住在那邊半夜還是會哭醒，因為母親不在身邊，我在外婆家都跟著表姊叫阿姨「阿母」，母親去

玉蕊的女兒麗珠（2016，作者攝）

> 沖繩半年，我就在外婆家住半年。
>
> 我沒念幼稚園，讀小學後回到自己家，媽媽不在時也要負責打掃洗衣，每天拿整盆衣服去溝渠井邊清洗，家事都要做、也很會做，從不抱怨。（麗珠，女，民國五十年生）

寶珠的女兒金玉（本人提供）

金玉也是長女，七歲就會燒柴煮飯，談到媽媽寶珠曾當選一〇三年大林鎮模範母親時，充滿驕傲和孺慕之情，她認為母親出去工作是想改善家中的經濟，她離鄉背井人生地不熟、又語言不通，真是蠻有勇氣的。母親去沖繩兩次，時間相隔很短，算是同一年的年頭和年尾，年底去第二次。父親那時還在務農，田地是兄弟共有，早上會去製冰廠批枝仔冰，載到大林的商家賣賺點小錢。母親去沖繩時，她大概小學四、五年級，還揹著一週歲的小妹，下課後要幫忙帶弟妹，差她四歲的弟弟很聽話，弟妹都很合作乖巧。母親不在時，祖母有過來同住幫忙照料，看頭顧尾。

同樣的，芳月也是六、七歲就會撿柴煮飯，揹著兩個弟弟去田裡給母親餵奶，她在廚房聊到媽媽海松去沖繩時說，**母親出國期間，家人也是四散各地**，父親做長工，帶著兩個弟弟到處打工留宿，還遠到屏東幫人家趕鴨子，有時兩個弟弟是寄養在別人家裡。她和兩個妹妹則住在一起，負責照顧她們，**但也是被別人趕來趕去，很不是滋味**。

身為長子的廷鐘，小學二年級就搭著煤炭小火車，帶著爺爺、妹妹北上到瑞芳四腳亭找離家出走的爸爸，十四歲國二就去念陸軍士官學校，清楚地說出媽媽賴菊不在家時他的真實心情。

母親去沖繩兩次，第一次是在我國小三年級，家人都不太清楚，只知道村子裡很多人都去，媽媽還得借錢籌旅費才能成行。第一次她算是偷偷出門，我沒有看到，第二次我小學四年級，家人都知道了，我有去街上送行，去沖繩打工的村民都集合好之後，他們一起搭遊覽車北上，母親回臺時，我也和其他鎮民一起坐遊覽車到基隆港迎接母親返家。

賴菊的兒子廷鐘（本人提供）

> 母親不在家時，爺爺種田，我一手牽著一個妹妹，還揹著另一個妹妹到田裡工作，一個小我四歲、一個小我八歲，都還沒上學。當時還有個叔叔，也在打零工、已婚，但嬸嬸不可能照顧我們，雖然同住在三合院內，兩個家庭各自開伙。
>
> **那時我被留在家裡，心情上很想逃避，為什麼要做這麼多工作？**一大早去田裡，還要養雞鴨牛豬，工作一大堆，因為這些都是家裡的必要收入。（廷鐔，男，民國四十四年生）

看來家務勞動似乎是這些留守孩童的共同經驗，除非年紀太小才毋須從事。剛開完眼睛手術的惠珍，無力地坐在三合院廊下訴說媽媽

惠珍（2017，作者攝）

惠珍的媽媽來葉（惠珍提供）

來葉打工的事，在她五、六歲有記憶時母親就在沖繩了，只去過一次，因為會暈船。姊姊大她七歲，母親去沖繩的事大多聽姊姊說的，她比較有印象。母親不在時主要是父親在照顧她們，照顧的很好，還有祖母住附近偶爾會來看看，大哥大她十一歲，當時已不住家裡，她和二哥一起睡。家裡沒有浴室，惠珍坐在大臉盆裡由爸爸幫她洗澡，也煮飯給他們吃，父親自己做魚鬆，兒女就在一旁幫忙挑魚骨和魚刺，爸爸白天要務農，是村子裡的大好人。

留守孩童在家中的處境因人而異，但留守期間無依無靠的痛苦、以及思念母親的難過是共同的。慶幸的是，孩童對母親返家後的回憶多屬正面光明，包括：**從家事中解脫出來、拿到沖繩紀念品當下的欣喜、家中經濟改善氣氛變好、母親在身旁的安全感、對母親景仰的加深等等**。

麗珠的媽媽返國後，會騎腳踏車載她去上學，她吃到了蘋果很開心，還藏到衣櫃裡，媽媽也帶回了剪刀、毛線、成藥和養命酒，藥酒已經存放了五十年還沒開封。她不知道媽媽到底欠什麼錢，反正就是勤勞賺錢，返家後爸爸心情當然高興，等她上了國中家裡蓋新房，那時媽媽已經從沖繩返國一陣子，經濟狀況比較好轉了。

惠珍記得母親回到家時是半夜，大家正在睡覺，聽到聲音她就醒過來，張開眼睛很高興然後又睡了下去，隱約聽到母親跟爸爸、姊姊在講沖繩的事。母親放不下兒女，所以去沖繩的時間很短，賺的錢可能也不多，幫家裡的經濟改善多少不得而知。爸爸務農非常忙碌，母親回來後她才有安全感。母親返鄉帶回很多蘋果，整個房間都是蘋果的香味，也分送給祖父母和外婆；還帶回四綑毛線，爸爸、二哥、姊姊和她四個人各一綑，爸爸是土黃色、哥哥是淺藍色、姊姊是紫紅色、她是紫色的，但母親沒有買給她自己的毛線，村裡有位婦人很會織毛線，母親拜託她幫忙織四件毛線衣，惠珍上小學時都有穿。

廷鐔的母親第一次返家後就馬上還債，還帶了日本蘋果給他，他聞了一下就大口吃下去，因為班上同學帶蘋果來教室，他已經聞了一個禮拜了……母親第二次返家時，帶了一大綑毛線，至今仍連同地契擺在古銅鎖的櫃子裡，她不會打毛線，請人家打的工錢也太貴，所以就一直放到現在。他只知道媽媽去沖繩回來後家裡就有錢了，第三次有人來招募去沖繩工作時，母親不想再去了，當時他已經讀軍校，有薪餉可以分擔家計，也可以供妹妹讀書，而且不用待在家裡做事，小時候做家事真的做到怕了。

接著，我進一步瞭解留守孩童在校的狀況。

他們的老師和同學有的知道、有的不知道孩童的母親出國工作了，無論如何，他們幾乎沒有被老師和同學另眼相看的感覺或經驗，可能是當事人隱瞞得很好，或是因周遭也存在相同經驗的小朋友，所以就毋須隱瞞了。

班上同學大多不知道麗珠的母親出外去打工，老師也不知道。同樣的，文心的同學都不知道她的母親去沖繩工作，那時她是班長，負責記錄全校教師的專題演講，每天都很忙，老師也可能都不知道，她也都沒講，上學都很正常，沒有缺席曠課，所以沒人知道吧。

金玉在學校的功課就自生自滅，成績普通，父親認得些字，念到小學四、五年級沒畢業，也不可能關心她的課業。班上只有她一個人的媽媽去沖繩工作，隔壁班有位同學的母親也過去，同學都知道，但也不會取笑她，知道是去工作不是去玩，就是個事實。當時的親師會、母姊會家人從來不參加，老師有來家庭訪問，也知道媽媽去沖繩。

廷鐔都有去學校，畢業時還領了全勤獎，**上林很多人都去沖繩打工，學校同學大家也都知道，並不稀奇**。他的老師態度特別好，照顧這些學生留下來寫作業，不會寫的、會寫的、調皮搗蛋的人都要留下來，反正只多留半小時。因為可以不用馬上回家做家事，他會想盡辦法留校，而且成績還不錯。

還有，留守孩童在鄰里村落中的境遇。

住家附近的鄰居親友如嬸嬸她們，無論知道與否，都待文心如常，沒有影響什麼事；鄰居阿順的媽媽和母親一起去沖繩，他們大概都知道吧，但麗珠沒有感覺被特別看待；村子裡出去打工的人很多，金玉沒有感覺被放大注意，週六下午不上課，村裡的小孩會去廟前撿甘蔗葉燒柴火，也會去溪邊撿過貓菜葉，清洗鍋蓋和長板凳，到甘蔗田拔草，小孩子的打掃粗活就是這些；廷鐔的鄰居小孩很多，大家在田邊溪邊一起玩耍，他並沒有感覺母親不在家而被人欺負，附近有兩戶人家的母親也去沖繩。

透過家庭、學校、村落三個層面的爬梳，我看到了留守孩童的境況與心情，從學校和村落兩個層面看到的是：無論鮮為人知或裝作不知，孩童自覺過著如常的生活，不太受到影響，也沒被另眼相看、放大檢視。他們選擇讀書或玩耍，沖淡在家庭中抑鬱的處境和心境，默默等待不久後即將返家的母親，或許是年幼的他們唯一能做的。

離家北上的少年

和上述留守在原生家庭的小孩不同，銘章和振琨是家中的長子，母親到沖繩時，他們已經離開大林到臺北工作，但當時也只是一名青澀的少年。

銘章的母親玉蟬，是我在南華校園碰到的第一位女工。坐在客廳看著慢慢退化的母親，銘章不捨地說，小學開始就跟著母親到處打工做事，母親去沖繩時，他大約十四、五歲剛來臺北，在西門町萬華那邊送油漆，母親很擔心，半年後他才去學做西裝。母親去沖繩時，他沒什麼印象，因為只有過年和農曆三月初三才會返鄉，家裡的事並不清楚。有個妹妹十二歲屬猴，弟弟六歲屬虎待在家裡，是阿祖負責幫忙照顧，她人很好大脖子，身體還算硬朗。銘章的父親是民雄人，被母親招贅過來，留在家裡做農事，當時沒有自己的田地，只能算是幫別人做事的農場工。他記得母親返鄉後送他一罐顧肝的藥丸。

初冬傍晚，剛忙完農事返家的振琨，緩緩道出當年母親淑女不在家的光景。母親去沖繩打工時，他已經在臺北松山學汽車修護，大概十五、六歲，突然接到家裡寄來的信，爸爸不識字，叫叔叔寫信告訴他母親出國了，他嚇了一跳。六個兄弟中振琨排行第三，前面兩個姊姊已經嫁人，三妹也去臺北學剪髮，家裡只剩小弟小妹，分別是十歲和十二歲。那時已經分家，祖父要照顧中風的祖母，家裡是父親帶著弟妹一起生

振琨（2018，作者攝）

活。自家是三七五減租的田地，爸爸的工作就是務農，一百斤的稻穀才賣兩百元，還要繳租金，偶爾做些布袋繩裝稻米或到處打打零工，生活真的不太好過。他那時在臺北沒領什麼工錢，只能算學徒換取三餐而已，收到信之後馬上趕回家，因為不放心，爸爸根本不會煮飯，如何帶著弟妹生活？但他也只待三、四天就再次返北。母親大概去沖繩五、六個月，後來也是收到家書才知道她已返家。母親出國就是為了賺錢，目標是蓋房子，她去了兩次，大概在他十七歲時房子才蓋好，以前的家是土角厝，母親回來後生活有改善，父母關係也變好了，感覺他們比較快樂，原本會鬥嘴吵架的，夫妻感情就是這樣。

從北上的兩名少年之述說中發現，母親到沖繩打工的期間，他們也已離家在外，對家中事務並不清楚，只能短暫返家來去匆匆，無法子代母職，分擔母親角色缺席下的家務勞動，只好由父親或阿祖等其他成員遞補，以維持家庭的基本功能。母親返鄉後確實改善了家中的經濟，也改善了夫妻關係，這是比較實質的變化。

我藉由頂替親職的丈夫、翹首等待的子女、離家北上的少年三種人的現身說法，看到了留守家族的生存樣態。從夫妻關係來看，農村男守女出的新型式分工，確實打破了傳統男主外、女主內的模式，但男主內、女主外這種型態，不必然對於家庭內女性地位的提升或夫妻關係的平等，有立即、明顯或直接的影響。親子關係的部分，把兒童在留守期間的負面情緒和母親返家後的正面回憶兩相對照，如實應證了「有媽的孩子像個寶、沒媽的孩子像根草」，也呼應了前章苦旅過程中女工的想家，毋庸置疑，已婚女工的思鄉之苦主要心繫的還是年幼的子女們，母子連心不言自明，這也使得女工幾乎選擇按時返鄉，責無旁貸地扮演人母應盡的角色。

離家北上的少年則感覺母親返鄉後家庭經濟和夫妻關係都有轉好，然而，這些微小的變化無法鬆動夫妻間不平等的權力模式，或推翻女工在夫家的卑屈地位。箝制女工的農村父權制這個枷鎖，似乎被稍稍動過了，但根本上沒有敲壞，女工終究只是「返枷的歸人」，這個笨重、陳舊、布滿鐵鏽的枷鎖，仍牢牢地纏繞著她們的精神和肉體。

注釋

1 千禧年後中國的留守兒童開始成為社會問題，他們缺少了親情，變得沉默寡言、孤獨內向，健康狀況變差甚至叛逆而誤入歧途；李強（二〇一五）從兒童權利分析他們在家庭、學校、社區、同輩群體中的生存權、受保護權、發展權和參與權的得失情況；王開玉等（二〇一六）研究發現邊疆民族地區的留守女童是留守兒童中的弱勢群體，從她們身上可以明顯看到其所受到的歧視和不平等對待。（曲凱音二〇一〇）

第七章

旁觀的鎮民

金枝四肢健全，人也乖巧勤奮，八歲就會煮飯，十歲左右便開始出去做工，幫人摘豌豆、刨花生、割蔬菜。十五歲那年，加入村子裡專門替糖業公司採收甘蔗的工人班子裡，去修蔗莖。這種工人班子是在採收季節臨時募集組成的，工作做完就解散。修蔗莖並不輕鬆，整天彎腰趕工，還要快手快腳，才趕得上。十五歲的金枝做來自然吃力，卻能任勞任怨，很是難得。

金枝，農民文學作家洪醒夫的作品《田莊人》（一九八二）〈半遂湖仔的黯然歲月〉的女主角，其實也是本書的大林女工們婚前活生生的縮影。朱遂沒上過學不識字，七歲牽牛，十二歲當「會社工」削甘蔗；秋茶從小就到處做工，也喜歡做工，因為有錢有伴；燕枝只念到小學三年級就沒去讀書了，十四歲做苦勞，十五歲割稻。這樣終年忙碌的勞動生活，在她們成為夫家的人妻、人媳、人母後，仍持續不斷地進行。

面對這些早期農村社會的媳婦，不少年長的大林鎮民流露出無奈的喟嘆，如同小說裡的金枝一樣，她們只是從娘家的勞動者變成夫家的生產工具，地位低落卑微可想而知。相貌堂堂的楊校長世居大林九代，大林國中退休，老家曾是數一數二的蔗農大地主，他不勝唏噓地說，民國四〇至五〇年代採收甘蔗時，已婚砍蔗女工被夫家當成勞動工具、卻只能忍氣吞聲的情形。

當時是農業時代就業不易，村民都以務農為主，這些女工的夫家當然經濟條件也不是很好，所以才會要她們出來工作。有時遇到小感冒或身體不適時，還是得忍著病痛，照常到蔗園工作，賺錢貼補家用。那時候想來幫忙採收甘蔗、賺食的人很多，不少女工都要巴結原料委員（責任區負責人）及請負（工頭），爭取僱用，也可避免被無端刁難。譬如，女工希望能被分派到容易工作的蔗園，不願被調去高低不平的窪地砍蔗，或是蔗綑數量算錯而被扣錢等等。（楊校長，男，民國三十八年生）

那麼，在其他鎮民眼中後來千里迢迢、渡海到沖繩砍蔗的女工又如何？許多人感嘆地說，那是農村社會媳婦身分卑微的另一個殘酷寫照，她們毫無選擇地被夫家當成生產工具來對待、來使用。滿臉笑容的徐愛（暱稱愛子）是棉被店的老闆娘，也是女工朱遂的親戚、簡怨的友人，她的周遭很多女性都去沖繩打工，但她唉了很大一聲說，以前農村就是重男輕女，女性沒有受教育，根本只被當成勞動力！不管是在娘家或夫家都一樣。簡怨年近九十歲，早年從事仲介女工的業務，十二年來多次往返臺沖兩地，她本身就是夫家的經濟大梁，一肩挑起大小諸事，她說曾經有個村民跑來請託，要求幫忙介紹自己的三太太、四太太一起去沖繩工作，賺回來的錢就是要幫丈夫還債。

接下來，我透過無法出國的鄰婦、教過移工之子的老師、做移工生意的店家三種人的視角，探照村民或鎮民眼中她（他）們的處境；同時，也呼應女工的離返與性別規範、留守的家族這兩章的敘事內容，藉由出國者和無法出國者、孩童與教師的對照，檢視彼此關係的親疏遠近，折射出女工及其留守子女在村落的位置。

無法出國的鄰婦

雪玉、劉桃、素猜三位鄰婦都沒有出國、也無法出國，她們距離女工最近，就住在附近或隔壁村里，時而冷眼、時而羨慕地道出對出國女工的複雜情緒。三位的夫家都不富裕，雪玉和劉桃並非留守婦女，先生沒有到沖繩工作；素猜則是留守婦女，先生萬力去了西表島的糖廠工作。三位鄰婦如何說明自己無法出國的原因？又，如何看待那些可以出國女工的命運呢？

首先，是自述無法出國的原委。當年沒有出去、但也不想出去的雪玉說：「我快九十歲了，二十一歲結婚，二十九歲時已經生了四個小孩，我不敢去沖繩，因為我有四個小孩，但我先生愛喝酒、不工作、不負責任，酒後發瘋會放火燒房子亂打人，他根本無法持家，雖然清醒時還蠻會燒菜。當時我公婆還健在，但他們自己也要工作，不可能幫我帶小孩。村子裡確實很多人結伴去沖繩工作，但我沒有姊妹淘，也沒人來找我，我也不羨慕別人出去，也不想賺那些錢。我只顧好自己的小孩就行了，我看到那些半夜偷偷搭車出遠門去沖繩的女人走後，小孩留在家裡邊哭邊找媽媽的景象，只好騙小孩媽媽只是出去一下，真的很可憐，無依無靠。」

和雪玉相似卻不盡相同的是劉桃，她很想出去、卻去不了，這又是為什麼？她娓娓說道自己確實想去沖繩，因為想多賺點錢，且當時是賺美金，但為什麼想去又去不了呢？小孩太小放心不下，婆婆和先生不是那麼疼小孩，也不太幫忙。那些媽媽不在身邊的小孩沒人看管，確實可憐，要不就是小孩顧小孩，家裡的哥哥姊姊照顧弟弟妹妹。劉桃非常疼愛三個孩子，如果去沖繩的話，會每天哭著想他們。事實上，她的先生和婆婆沒有叫她去沖繩工作，但也沒有叫她不要去……如果自己也去的話，會和先生的姊

雪玉（2017，作者攝）

姊（大姑）還有親友一起，因此也不害怕。她看著村裡那些從沖繩回來的人，當然是非常羨慕啊！賺很多錢，姊妹淘大家都傳來傳去，聊天也會提到。在那裡非常辛苦，可是回國後就買土地，在農業社會買土地才會安心；此外，蓋新房、還負債、填補小孩的生活教育費，都是返鄉人常做的，也是對家族經濟的具體貢獻。劉桃覺得女人回來後沒有變漂亮，但有錢了，她們的家庭應該是比較圓滿、也比較安定，家裡沒錢夫妻才容易吵架。沒去沖繩的人生活也苦，嫁來這邊兄弟分家後沒錢的許多女人，只得借錢度日，連娘家都無法接濟時，就硬著頭皮去沖繩了，她也坦言，自己先生的性格有點懶惰，也不想出去打工。

說話氣若游絲的素猜是男工萬力的太太，她留在大林沒出去的原因是個人狀況的考慮。「我嫁來這邊做得要死，不會做也得拚命做，不願認輸，我手腳不靈活，

素猜（左）和她的先生萬力（2018，作者攝）

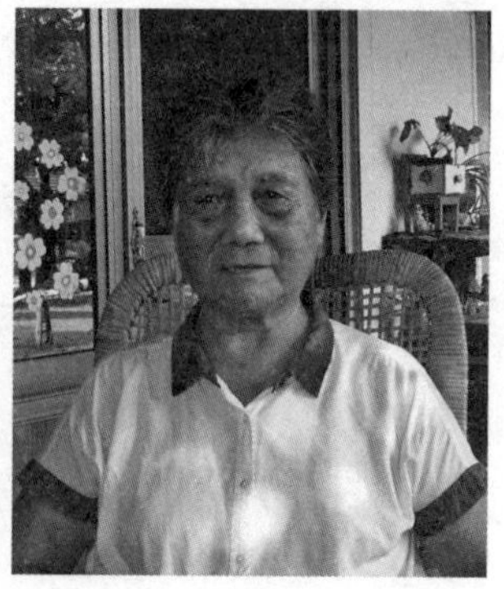
劉桃（2017，作者攝）

做事跟不上別人，所以不是我去沖繩。我沒有辦法出去，都要做自家田裡的農事，也沒有再去其他地方打工，家裡不能沒人看顧，我嫁來這裡很辛苦，白天出去、晚上回來都沒見過太陽，就是甘苦……」

由此看來，三位無法出國的鄰婦在諸多利害得失的衡量下，做了不出國的判斷，主要還是出在家人，丈夫敗家個性懶散、公婆不支援、小孩沒人顧等都是牽掛；或本身手腳就不靈活，工作能力差，自家農事得做等因素使然。

其次，是看待出國女工的態度。雪玉的小嬸到過沖繩，有點重聽的她，大聲說出對小嬸出國打工的想法。

> 小嬸小我三歲，她去沖繩不在家時，我偶爾會幫她的小孩換尿布，教大女兒去汲水幫他們洗澡，大小便時幫他們換衣褲，我大概就只做這些。坦白講，我們妯娌感情不好經常吵架，小孩考試時我在院子拜神明求功名，她還故意潑水掃興。
>
> 我覺得小嬸好像是去湊熱鬧，她不太會做農事，我在大林賺的、拿的其實都比她多，我十四歲就會砍甘蔗了不輸人啦，但是她先生責任感很強，留在家裡會幫忙照顧孩子，她才能出去工作。

但我也聽說小叔趁她外出時，找人來大廳賭博還輸了錢，她賺回來的錢得幫忙還債，我都不敢說，她本來就賺不多，我想也沒存什麼錢吧。有些返鄉的女工賺很多，把土角厝拆了蓋杉木屋，看起來很風光呢！（雪玉，女，民國十八年生）

劉桃和素猜倆人對於周圍出國做工的村婦，也提出她們的看法。「簡〇〇的先生根本不在家，結婚沒幾年就翹家落跑了，她勤儉持家，自己穿得破爛、吃得隨便也沒關係。住在麻園寮的陳〇〇，聽說她回國前先生被人拉去賭博，而且常常賭輸，陳〇〇非常生氣，她去了沖繩五次也是為了幫忙還賭債，這是本人聊天時無意間說出來的。徐〇〇以前也是住茅草屋，生活貧困，聽說她的先生也會小賭，不是那麼傳統勤勞的人，做農事或做生意都不是很起勁，不會阻止太太出去工作，女人只好認命出去，古早人嫁雞隨雞，嫁乞丐也只好認了。劉〇〇的先生比較顧家，所以她才敢、也敢出去打工。」「我不像簡〇〇喔，她很勤奮又能做，而且她做的都是男人的工作，噴農藥不怕死，就是為了賺錢。我也聽說鄰居林〇當時沒幫大媳婦做月子，就跑去沖繩砍甘蔗，因為她們婆媳不合，不想一天到晚在同個屋簷下碰面，這也是她出去的原因吧。」

從三位鄰婦對於出國女工的論斷中，明顯聽出許多層面的差異評比，以及她們面對差異時的不平反應，這種不平多少是在和自己的處境比較後所產生的。雪玉和妯娌的關係本就不佳，延伸出來的是，她對小嬸出國這件事充滿負評：「湊熱鬧、不太會做事、在大林賺的都比她多、沒存什麼錢。」她對小叔的評價正反皆有，有責任感、顧家得以支撐小嬸出國，但也因積欠賭債拖累妻子，小叔的顧家又對照到自己丈夫「愛喝酒不工作不負責任，酒後發瘋會放火燒房子亂打人」的敗家形象，真是情何以堪。劉桃認為男守女出之所以可行是因為，女工的丈夫懶散、小賭、不勤勞，但也不會阻止太太出去，或本身就屬顧家型的男人；女工則是因勤儉持家，嫁雞隨雞，認命認分下的被迫選擇，不幸的是，自己丈夫的性格就屬懶散型。素猜提到女工出國是因為能做、肯做、敢做，也想多賺，對比自己體弱多病手腳笨拙，只能望塵莫及。

有趣的是，把雪玉和劉桃口中男守女出的歸因，對比前章頂替親職的丈夫之說詞，似乎有些出入。依照丈夫本人的說法，丈夫留守的主因是，家中粗重農事或水利管理需要男性勞力；留守期間，丈夫和娘家、夫家或岳家的親人，都有各自的位置和功能，在農事、家事等生產及再生產領域，彼此合作互補；留守丈夫要父兼母職，沒有特別痛苦，也不受周遭的影響，太太返鄉後夫妻關係依舊。但是，透過雪玉和劉桃兩位鄰婦的觀察或聽聞，**某些丈夫留守期間的不良素行被拿到檯面上，人夫的他們並非都是良善可親、負責顧家**，賭博小輸者確實存在，甚至由女工本人親口說出，家醜不脛而走，成了鄰里聊天八卦的閒語。

綜上所述，雪玉、劉桃、素猜三位鄰婦的夫家也是貧困，她們衡量自身不具備出國的條件，但面對能夠（或不得不）出去的女工時，既有嘲諷也有羨慕，認為那些出國女工的離—返—留—守過程充滿了各類矛盾，特別是留守丈夫的「逾矩」，相較之下，留鄉的自己雖然沒能出國賺錢，但能夠緊盯子女家人，可能還略勝一籌。

教移工之子的老師

為了呼應前章翹首等待的孩童之在校經驗，我訪談了曾經教過移工之子的兩位退休男老師。

中林國小退休的增山老師曾教過文心，但並不知道她是移工之子。吳老師記得很清楚，文心優秀會讀書，分數可以上嘉女，但家人不讓她念，好像也沒去考，後來以第二名考進大林初中，國語文很棒，還有個叔叔教她英文。當時只重視補習和升學，家庭訪問都沒有或很少，只是偶爾去，文心的家庭狀況普通，沒發生過什麼特殊意外，她個性乖巧內向，母親古意老實，好像很重視教育。老師強調，完全不知村子裡有人去沖繩打工這件事：「我真的不太瞭解，小朋友來學校不會說、家長不會說，我當然也不會知道，常有聯絡的是中林附近的家長，這些人層次較高，在鐵路局工作或上班族，而非務農。」其實，文心的母親是在她初中一年級時才和同村的人去琉球工作，老師當然不會知道，但可以隱約聽出，教師、移工本是兩個不同世界的人，難有交集，老師雖在國小高年級時教過文心，但也瞭解有限，當時的**親師交流主要是因著升學考試而非生活關懷，且頗有階級差別**。

任職三和國小、參與嘉義縣軟式網球委員會、指導國小學童打網球的義松老師，在他三十多歲時，曾教到五年級的兩位移工之子，都是眷村的外省子弟，他們的母親到沖繩工作，返鄉後要孩童拿伴手禮來學校，他才知道孩童的母親去了沖繩。其中一位陳姓學生乖巧，沒打人沒罵人，也不用太盯，成績普通；另一位

義松（2016，作者攝）

增山（2017，作者攝）

同學拿著母親從沖繩買回來的剪刀到教室來，炫耀地說：「日本製的剪刀很管用喔，剪什麼都會斷，如果剪不斷，就把它摔掉。」結果，某位小朋友拿來剪金屬線，怎麼剪都剪不斷，賭氣的他就把剪刀摔在地上，最後老師還請家長到校說明，母親說下次去沖繩再買吧。這是吳老師非常難忘的事，他強調對待移工之子的學生「一視同仁、沒有特別待遇」。

從兩位國小退休男老師的說詞中聽到，為人師者其實也不太清楚學童的家庭狀況，對母親外出打工一事更是後知後覺，這和前章翹首等待的孩童之在校經驗頗為類似，移工之子自認為很少被老師或同學另眼相看，可能是孩童隱瞞得很好或根本就毋須隱瞞。

做移工生意的店家

鎮民當中和這些漂洋過海的女工有過實際接觸者，就屬大林街上做生意的一些店家了。藝林照相館的老闆金男回憶說，大約從民國五十六年開始，很多準備去沖繩工作的人來拍護照的相片，特殊規格六乘六（roku roku，日語六的發音）的黑白照，客人來去時間很短，都是陸陸續續，當時生意不錯，他也沒時間坐下來好好跟客人聊天。第三章提到雲林出身的女工羅秋紅返臺後寄結婚照給南大東的頭家娘伊佐絹，那張結婚照就是老闆金男的作品。

和返鄉移工有直接接觸的是金玉春銀樓的老闆娘秀鳳，外型雍容華貴、快人快語的她直言：

我們店在大林歷史悠久，日本時代就開始了，後來戰爭時期被迫歇業，光復後才又重新開張。我嫁來時是婆婆當家，四十多年前大林有很多人去沖繩打工，回來之後就馬上拿美金到店裡兌換，但不會常常來店裡。店的現金也不是很多，再由我先生拿去嘉義市的銀行兌換，有時來換的人太多了，現金不足，會跟他說明天再來。移工每次回國就很快拿來兌換，手邊抱著美金對鄉下人來說也沒什麼用，對銀樓來說，他們就是客人。（秀鳳，女，民國二十九年生）

金男（2017，作者攝）

秀鳳（2017，作者攝）

同樣也是銀樓老闆的茂恩慢條斯理地講到，民國五十六年剛開業時，客人並不多，現金也不夠，很少人拿美金來換。當時臺幣對美金是一比四十，在銀樓可換到一比四十三，這當然是非法的，戒嚴時代《國家總動員法》對這些都有管制。他的店很少有人來換美金，也很少有人來買黃金，但有些從沖繩返鄉的人會拿美金一角來做手鍊，當做紀念或送人，那時的美金是銀質而非銅質，他自己本身也做設計，算是師傅，店裡最多時也曾僱用了七、八位師傅。

茂恩（2017，作者攝）

還有，棉被店的老闆娘愛子的回憶。民國五十七年開店，剛開始她先賣布料，也幫人家剪布做衣服，自己是師傅，店裡面也請三、四位師傅在幫人家做衣服。很多人到沖繩做工回來後有了錢，會到店裡來買布，幫大人或小孩做衣服，賺錢生活改善了，當然也想享受一下，以前的窮人是補衣服，有錢之後就是做新衣服。

從店家的回憶和回應中感受到，在商言商，他們和移工的關係僅止於做生意，除了愛子是女工朱遂的親戚、簡怨的友人，對女性去沖繩打工有點看法外，其他人針對出國打工這件事，並沒有太多意見，表現出事不關己的態度。

本章透過無法出國的鄰婦、教過移工之子的老師、做移工生意的店家三種人的角度，瞭解村民或鎮民眼中女工及其家人們的處境，我觀察到的情景如下。

一、無法出國的鄰婦衡量自己不具備出國打工的主客觀條件，面對能夠（或不得不）出國的女工時，既有嘲諷也有羨慕，認為女工離—返—留—守的過程充滿矛盾。申康達、楊光宇、辛允星（二〇一三）以認知失調的觀點，分析留守婦女與非留守婦女之間存在的圍城心理（besieged mentality），那是一種「相互羨慕的現象」，背後隱含的是，農村家庭在勞動力外出務工決策的兩難困境，改善家庭生計狀況的需要與夫妻團聚的需求兩者發生結構性衝突，是導致農村留守與非留守婦女之間出現圍城心理的基本原因。那麼，不能出去打工和可以出去打工的貧困農婦會相互羨慕嗎？

從研究的初始至今，我從未探問過出國女工對於沒有（或無法）出國婦女的看法，因此不得而知；但從三位無法出國的鄰婦對出國打工婦女抱以冷峻又羨慕的言談中，彷彿聽到了她們渴望出去、又慶幸留村的片面心聲，確實充滿了矛盾與掙扎。

二、教過移工之子的老師其實不太清楚學童的家庭狀況，對於母親外出打工一事，後知後覺甚至不知不覺；做移工生意的店家和移工的關係也僅止於在商言商，對於出國打工，沒意見也不關心。我陸續詢問其他的退休老師或中藥店主人，他們的反應平淡，表示鮮少聽聞：「移工和自己生活無關，我也沒有教到小朋友的家長是移工，很少關心。」「我和她們完全沒有交集或交流，也沒機會接觸，我是老師，不太會隨便開講，和女工接觸的機會也不多，更不會到巷口店家和人聊天。」「我聽姑姑說確實有移工來店裡買中藥，可能是去沖繩之前或之後，大概就是這樣，知道的不多。」「我當時都在裡面煮飯，沒有站在店頭，所以不知道誰來買藥。」

可以推測，跨海到沖繩打工除了是當事人及留守家屬的集體記憶（collective memory），即「一個特定社會群體之成員共用往事的過程和結果」外（黃俊傑二〇〇三），對其他鎮民或村民而言，可能沒什麼感覺，更遑論有何意義。也因此，我只能掌握到移工返鄉後在家庭層面的人際關係與權力變化，無法進一步詢問到他們在村落層面發揮的影響力，聽到的頂多是，返鄉者介紹村人也外出打工，算是好康逗相報。玉蕊坦言：「我第一次回國時，村裡好多人來問我，怎麼去那麼遠的地方賺錢，其實我第一次去的時候，就介紹了這邊同村的三位女工前往南大東島，我們也前前後後一起去了五次，或許我這樣做是對的，現在村裡的人對我態度都不錯，也都會主動打招呼叫我。」很早就出國的玉蟬也說：「我是村子裡出國的先鋒啦，不怕死，錢也賺到了，算是開了眼界，膽子也變大了！回來後很多村民都跑來看我，問東問西的，我都照實說，因為她們都想去，後來很多人都去了好多次，也去的比我久（講了一堆人名……）。」此外，不少女工買養命酒回來分裝送人賣人；或是買顧肝丸送人，因為聽說村子裡噴農藥的人不少，大家肝臟都不太好；紫鳶買了四把剪刀，除了送人外，也賣給做裁縫的人用。以上這些贈與或買賣的作為，或許是女工返鄉後對於村落鄰里的具體影響和貢獻吧。

從第五章至第七章，我探討了離返、留守與性別規範三者間的關係，將研究視角從夫家家庭內的性別規範，擴延至鄰里、在地社會的性別規範，把生命歷程從女工的離返經驗，延伸到家屬或村民的留守經驗。我反覆來回的咀嚼這些受訪資料，曲終人散，這齣戲到底該如何收尾呢？返回女工對於家庭的經濟貢獻明顯而立即，但對於個人主體性的打造卻很有限；留守丈夫和子女努力付出，但內心世界難免幽黯陰沉；其他村民看待跨國勞動遷徙的態度，無論忌妒羨慕或冷眼旁觀，認為事不關己者還是居多。因此，我不得不做出這樣的結論：夫家家庭內的性別規範，仍是制約女工處境最為重要的一股力量。

附錄

男工的離返與性別規範

「從桃園坐飛機到石垣島約一小時，當兵時我也坐過飛機，這是第二次，但坐客機是第一次。到石垣島後再坐船到西表島，驚險萬分有點恐怖，船很小卻坐滿了幾十個人，船身很淺，摸得到海水只離三吋，我害怕翻船或沉船，不過想想如果死的話，也不會只有我一個人吧。原本是打來回機票，但後來改搭『飛龍號』客船回國，從石垣島直接開到基隆港。

我是拿觀光簽證去的，像賺食查某隨時會被抓，基本上就是非法，要常常跑到甘蔗園躲警察，警察從石垣島那邊坐船過來巡查，我們先被告知就先躲起來，然後由當地華僑移民出來頂替，我還用日本姓名謊騙，過程十分驚恐，還好躲警察時，頭家沒有扣我們的工錢，每個禮拜都要躲喔。」

石車，念到小學四年級，老實古意有點害羞。第一次訪談他是金葉帶我去中林的三合院家裡，他們是表兄妹，都去過沖繩打工。今天我臨時拜訪，暖冬的午後他正在小睡。隔了八年還記得我，完全沒有不歡迎之意，講述的內容、反應和情緒，也和之前雷同，出外打工的記憶似乎深鎖在他的腦海裡。（田野日誌：二〇一七年十二月二十四日）

本書的附錄，我以家庭和工作兩大軸線，論述一九六〇至七〇年代大林男工的離返與性別規範，目的是為了與女工對照，凸顯兩者的異同。受訪的男工只有六位，主因是女工乃研究的緣起、也是我關注的所在，大林出國的女工又遠多於男工，尋覓的過程比較順利。男工的生存樣態值得重視，我以木川、簡智、文火、麗清、石車和萬力六位當事人的經歷做鋪陳，或許稍嫌薄弱，但仍有其意義。先說明男性的離返與性別規範之相關論述，再透過出發、移地、返家三部曲，檢視男工如何在原鄉的家庭內扮演人子、人夫、人父的角色，他們真是一家之主嗎？又如何在旅地的工作中展現臺灣鐵牛的打拚精神，流露哪些男性特質的具體行為，影響返國後的自我定義。

首先，簡介男性的離返與性別規範之相關論述。

先行研究聚焦在接待社會或原生社會的個人、家庭和村落等層面，關注男性跨國遷徙者在離返前後及行進當中所面臨的調適，以及這種人為的流動及調適是否帶來性別規範的鬆動、男性氣概的變化，進而影響男性移工和其主要關係人的權力消長。譬如從再生產勞動的國際分工（IDRL, international division of reproductive labor）此一脈絡，描繪義大利境內外籍男性看護工男性氣概的調整及變化，關注男性移工在雇主家中與之互動的實況，特別是他們如何面對來自性別、種族、職業、階級等諸多不平等或偏見。（Ester Gallo, Francesca Scrinzi

2016）

又如，探究接待社會的性別規範對男性移工的家庭生活、特別是帶給夫妻關係的影響。旅居日本的拉丁美洲裔男性會去修正、調整自己的男性氣概，包括勞工、丈夫、父親、友人、家庭主夫等身分，有人延續在母國的想法與作為，繼續男主外、女主內的性別角色分工，有人開始坦然面對這種「時不我予」的變化，協商家庭、性別角色及其分工的態勢。之所以願意（或不得不）改變是因為，接受了自己在日本終究是邊緣人、局外人的殘酷現實。（ヴィタレ　アナリア二〇一六）

那麼，返鄉之後的變化會是什麼？

日本鹿兒島男性在美國的長期生活和遷移經驗，造就了返鄉後的個人主義行為模式，在村落層次盡量維持若即若離、不麻煩不囉嗦的人際互動，在家族層次則呈現出各自獨立、略顯疏離的親子關係，但夫婦關係因長年分居，加上妻代夫職、母代父職的影響，得以發展出平等尊重、相互理解、共同扶持的情誼。（川崎澄雄一九九〇）泰國東北部男性返鄉後，將跨國勞動獲得的金錢，透過傳統方式或現代性的消費化為「功德」，如捐款給學校、寺院、協助喪家等，傳播男性遠行的正面經驗，在與親人和村民的互惠關係中，展現自己在外工作的成功，也證明身為男性的成功。（林育生二〇一四）

解析男出女守之下，男性返鄉後夫妻關係的消長變化時，有人主張在性別資源不平等的基礎上產生男出女守的家庭策略，造成了丈夫外出務工、妻子留守家鄉的男工女耕現象，間接促進了婦女家庭決策權的提高，使得農村性別關係趨於平等，日益撼動農村傳統的性別規範。（吳惠芳二〇一一）但反對者認為，男出女守的結果是，夫妻關係可能還停留在男主女從、而非男女平權的狀態，主因是夫妻追求的是家庭整體利益，而非個人的自我利益，家庭整體利益抑制了個體對其自身利益的追求，家庭權力是用來服務家庭，而不是服務個人的。（羅小鋒二〇〇九）

從先行研究的觀點加以檢視，六位男工在沖繩停留的時間不長，除了文火和木川是多次往返外，其他人都是單次，也只有木川是攜家帶眷，因此，他們感受不太到、也毋須面對接待社會的性別規範對其家庭生活的影響，但男出女守之下夫妻關係的變化則因人而異。接下來，我返回當年的時空場景，去瞭解他們之所以移出的原因。

一九六〇年代末期，臺灣農業走到了轉型的十字路口，在以農扶工的政策下，農業與農村資源大量被擠壓到工業部門，一九六八年是臺灣農工產業轉捩點的關鍵年，工業生產總值占臺灣的總生產總值已達五一．七八％，首次超過農業，之後工業產值節節高昇，農業產值迅速跌落到兩成以下。（董建宏二〇一二）一九六九年以後，農業勞力外移數目超出自然增加數目，這是農業發展史上第一次農業勞力絕對數下降的開始。此後，勞力資源快速變動，臺灣經濟結構趨向工商業化，農業部門漸漸趨於次要地位。（陳希煌一九八八）

衰敗的農村當然影響到農民的生計與生活，農村文學作家洪醒夫的《黑面慶仔》和《田莊人》、林雙不的《臺灣種田人》和《筍農林金樹》等作品，歷歷描繪一九六〇至七〇年代農村劇變的過程中各階層男性卑劣鄙俗的貧相、猥瑣可笑的窘境，譬如，《田莊人》（一九八二）〈歸鄉第一日〉的黑張飛和亮仔、《筍農林金樹》（一九八四）〈憨面田的心肝火〉的吳天明，正是農村外出打工男子的寫照。農村開始變化，務農男性不得不兼業或向外遷徙，《臺灣種田人》（一九八三）的自序：「世代務農的人比較安土重遷，許多時候，他們寧願生活得辛苦些，而安安定定地守著祖傳家園。可是，現在他們連這種最謙虛的心願都變成奢侈的渴望，中年辛勞卻無以為生，已經迫使大批大批原本屬於陽光屬於風雨屬於泥土的人，湧向城市與工廠。」

這種離村或離農的現象不僅發生在國內、也出現在國際，第六章「離家北上的少年」一節中的銘章和振琨，都在十四歲左右就離開大林，到臺北學做西裝或汽車修護，本章的木川、簡智、文火、麗清四位男工，也在一九六九至七〇年期間從大林到沖繩做工，石車和萬力甚至晚到一九八〇年還拿觀光簽證出國打黑工。

誰是一家之主

農村性別規範對於男性和女性的期待不同，與其家庭角色緊密相連，做為丈夫和父親的男性家長，在家庭中獲得了支配地位和權利優勢，同樣也需承擔相應的責任和義務。當貧困仍是農村經濟生活中的主要問題時，它給男性家長帶來的並不是一家之主的優越與特權，而是更多養家糊口的負擔與壓力。（杜平二〇一七）和女性不同的是，男性沒有所謂的夫家，夫家就是自己的原生之家、棲息之家，他們不需面對盧蕙馨（Margery Wolf）在子宮家庭中所寫，「在從夫居的制度底下，婦女一旦從自己的村莊嫁出去之後，便要以孤立、脆弱且具有威脅性的陌生人身分，進入一個因婚姻而結成的親屬網絡之中。」（金一虹二〇一五）然而，和女性相同的是，**他們也要面對貧困、面對父權制三代同堂家庭中身為人子（特別是長子）、人夫、人父所衍生而來的重擔**。

六位男工的特質是：出國前都為已婚，木川新婚沒有小孩，其他都已經為人父，上有高堂下有妻小；從小就幫家裡做農事，本身是務農或從事糖廠勞務；幾乎不識字或僅讀到小學四、五年級，其中木川具高職學歷，能夠聽說讀寫，協助母親代辦移工的出國手續，且攜眷前往沖繩，其他人都是單槍匹馬；他們的動機都是想要脫貧，改善家中的經濟窘況。我透過男工出發、移地、返家三階段的經歷，來回答誰是一家之主的這個提問。

出發前夕

忠厚老實、個小親切的簡智，至今仍每天到田裡工作，他坐在豪宅客廳的沙發上，談起自己一貧如洗的出身。「出生前我父親就往生了，母親改嫁一手扶養我長大，我十四歲就去趕鴨子，十五歲牽牛割草，十六歲做農事開牛車犁田，後來愈做愈純熟，二十三歲當兵回來後，幫忙擔任好幾屆里長和代表的姑丈做農事，我沒有土地就是佃農，做了十幾年，一直做長工。我二十七歲結婚，出國當時已婚，家中留下母親、老婆和四個小孩，回國後又生了一個男孩。當時就是貧困，家裡只有兩個房間，一間住人，另一間是廚房……」

簡智今昔（左：本人提供，右：2016，作者攝）

文火身材高大能做肯做、號稱村裡的鐵牛，他笑說自己是「青瞑」，父親經濟困難，他十歲就出來做童工，牽牛割草換口飯吃，完全沒有上學，不識字只會寫自己的名字。二十歲時有人來家裡作媒，對方看父親很勤勞，他應該也不錯，所以二十一歲就結婚了。三十歲去沖繩時已經有兩個孩子，一男一女都還小，家中農地種了甘蔗，太太得去做工也要帶小孩，父母跟他們同住。文火在田裡砍蔗時，友人介紹去沖繩工作，他很捨不得出去，但是沒出去就沒法養活妻小，所以就去了。

麗清從小不愛讀書，因為根本沒鞋穿，從家裡走到學校路程遙遠，而且都是石頭路，覺得很痛苦，乾脆到溪裡面玩水。他九歲開始做工，跟著父親一起在蔗園做農場工，打赤腳在甘蔗園砍甘蔗，算命說他有做工的命，因此他也翹了三年的課，根本不識字。麗

麗清（2016，作者攝）

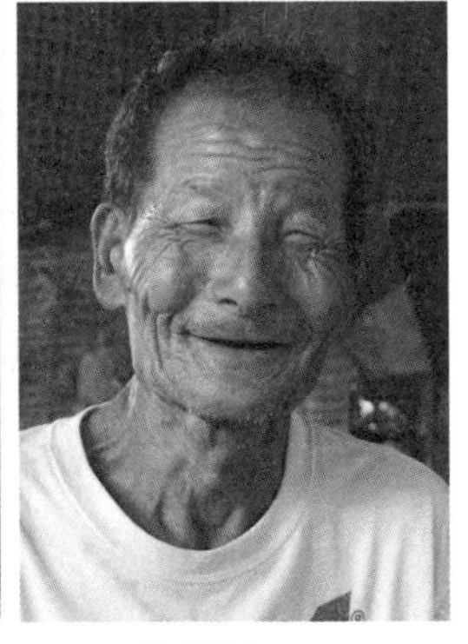

文火今昔（左：本人提供，右：2016，作者攝）

清很小就開始幫忙家裡，白天做農事負擔家計，沒錢買魚吃，晚上就摸黑去河裡電魚。他去沖繩時才二十出頭，長女出生沒幾個月，大家都說那邊錢好賺，所以他也想去看看。

民國七十年才出國的石車，是拿觀光簽證打黑工的偷渡客，他當時三十九歲已有三個兒子，最小的才二、三歲，最大的讀國小。家裡有塊小田地種稻米但收穫少，他在大林糖廠做過，親友來招募，男工有十幾人一起去算是有伴。他說自己是出去賺錢，所以沒人反對，家裡當時困難，太太照料兼做事，母親健在父親已故。剛蓋好這間房子就出國了，算晚出去的了，出發前換美金是因為拿觀光簽證要掩飾一下，其實就是用騙的。

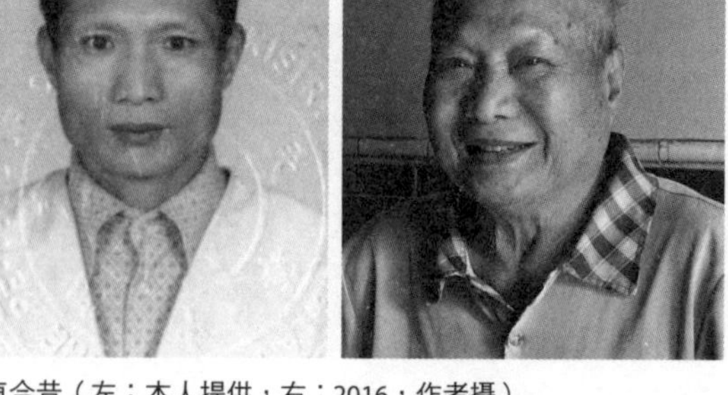

石車今昔（左：本人提供，右：2016，作者攝）

最特別的是木川，本身並非務農，因母親簡怨從事移工仲介，協助代辦手續，後來也跟去沖繩打工。他妙語如珠、口若懸河地說，母親是民國五十四年左右去沖繩，剛好是他退伍的前一年，他是長子，當時其他兄弟姊妹都各自有工作，不太需要母親的照顧，爸爸本來也想去，但家裡不能沒人，所以由他留守，留在大林打棉被和賣棉被。木川很擔心媽媽一個人去沖繩，但她想出去走走，她高興就好，有好的機會就要爭取，去沖繩賺得更多，所以他退伍結婚後也跟去，太太也一起當成蜜月旅行。

從這些敘述中得知，在農村父權制三代同堂的家庭裡，身為人子、人夫、人父的男工所背負的重擔，他們本身學歷不高，大多從事務農的純勞力工作，家庭經濟狀況不佳，在渴望改善家計的強烈動機下，甚至甘冒打黑工的風險，暫時拋家向外移出。他們是否為一家之主？身處上有高堂、下有妻小的關係中，他們移出的意願主要來自家族生存策略的考量，採取男出女守而非男守女出的性別分工，此外，也來自農村性別規範對

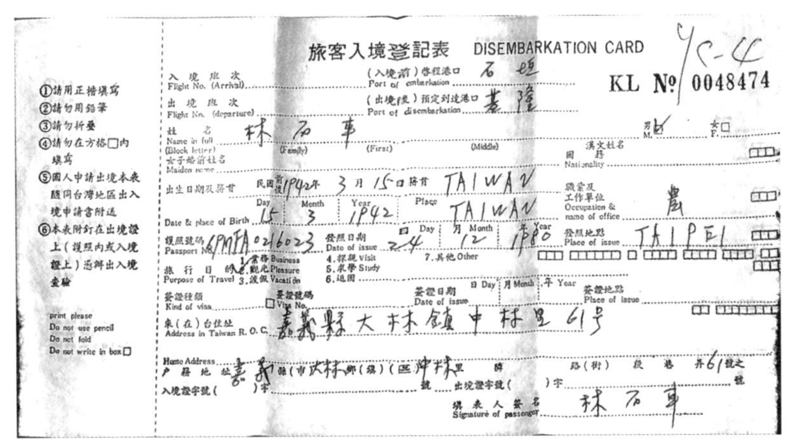

旅客入境登記表　DISEMBARKATION CARD

KL №. 0048474

①請用正楷填寫
②請勿用鉛筆
③請勿折疊
④請勿在方格□內填寫
⑤國人申請出境本表隨同台灣地區出入境申請書附送
⑥本表附釘在出境證上（護照內或入境證上）忌掉出入境查驗

print please
Do not use pencil
Do not fold
Do not write in box□

入境班次 Flight No. (Arrival)　（入境前）啓程港口 Port of embarkation　石垣
出境班次 Flight No. (departure)　（出境後）預定到達港口 Port of disembarkation　基隆
姓名 Name in full (Block letter)　林石車 (Family) (First) (Middle)　男 M. ☑　女 F. □
女子婚前姓名 Maiden name　漢文姓名　國籍 Nationality
出生日期及籍貫　民國前後 1942年 3月 15日　籍貫 TAIWAN
Date & place of Birth　Day 15　Month 3　Year 1942　Place TAIWAN
職業及工作單位 Occupation & name of office　農
護照號碼 Passport No. 6PMFA0216023　發照日期 Date of issue　Day 24　Month 12　Year 1980　發照地點 Place of issue　TAIPEI
旅行目的 Purpose of Travel　1.業務 Business　2.觀光 Pleasure　3.渡假 Vacation　4.探親 Visit　5.求學 Study　6.返國　7.其他 Other
簽證種類 Kind of visa　簽證號碼 Visa No.　簽證日期 Date of issue　日 Day　月 Month　年 Year　簽證地點 Place of issue
來（在）台住址 Address in Taiwan R. O. C.　嘉義縣大林鎮中林里61號
Home Address 戶籍地址　嘉義縣（市）大林鄉（鎮）（區）中林里　鄰　路（街）段　巷　弄　61號之　樓
入境證字號（　）字　號　出境證字號（　）字　號
填表人簽名 Signature of passenger　林石車

石車的入境登記表。石車去沖繩是一九八一年，當時已經算是打黑工了。（本人提供）

於他們三種角色的期待，那就是**養家的孝子**、**賢夫**、**能父**，在這張性別規範設下的天羅地網裡，他們其實無所選擇也難以逃脫，不得不做出跨海打工的決定。

移地期間

要追問的是；當男工移地外出時，人子、人夫、人父的角色移轉到誰的身上、由誰來遞補？讓家庭功能得以持續而不崩解。採取男出女守的策略時，通常由留守的妻子承擔起農業生產、子女撫育、老人贍養等家庭責任，面臨勞動負擔和心理負擔同時加重的困境，留守婦女以多元的策略和行動應對各種挑戰，在有限的資源空間內經營她們的留守生活，有著「認命而不認輸」的意志及表現。素香就是典型的例子，她是簡智的太太，脊椎側彎的她不疾不徐地道出當年留守的貧苦、勞苦與辛苦。

> 丈夫去沖繩時兄弟已經分家，丈夫排行最小，小孩也都年紀小，他出國前一晚好像是除夕，從客廳走出去，我叫小孩去睡覺，說爸爸要去賺錢。當時家裡沒有土地，只是幫人做事的佃農，種番薯分到的收成也相對少。丈夫不在時，最痛苦的是常常跟人家撿番薯、借米賒帳，村子裡兵米、公教米[1]都去跟人家借，就是沒錢。撿番薯很重，我力氣

小也搬不太動，有錢人送大番薯，就拿來當主食配飯吃，小番薯就拿去餵豬餵雞。我並不想去沖繩，因為沒力氣無法砍蔗，也還在坐月子，但全部家事都得做，洗衣服補衣服……婆婆和我們一起住，才六十出頭但已經失明，會幫忙帶小孩。我沒輕鬆，大小事都很麻煩，有錢才能買東西。丈夫出國前其實我已經懷孕了，他五月返鄉，七月就生了么兒，當時也不知道自己懷孕，洗衣服時拉褲管才有點感覺。總之丈夫不在時，我得獨自一人帶四個小孩，又不知懷孕，還跟著失明的婆婆一起生活，真的很辛苦。（素香，女，民國三十年生）

素猜是萬力的太太，二十歲就硬被繼母逼嫁，她感嘆上林里是俗稱「沒死也站著枯萎黃掉」的貧瘠所在，她生了五個孩子三女二男，先生去沖繩時他們都已出生，大的帶小的，長女現年也六十六歲了。當時家裡有自己的農地，收入是靠這些農作的收成，苧麻、稻子、甘蔗三種作物輪流耕作。公婆健在，但沒有幫

素香（2017，作者攝）

忙只顧自己，反倒是素猜做的收成都歸公婆，沒有私房錢，過年時婆婆才給她十元當紅包。公婆輪流在兄弟妯娌家吃飯，也已分家，雖然共同住在泥土地的三合院。

從素香和素猜的敘說中聽出，妻子是留守家族中主要的依靠和替代者，替代了丈夫原本該履行的人子、人父的角色，也就是**媳代夫職**、**母代父職**，公婆或兒女雖然在身邊，但不一定都會幫忙。一家之主的重擔落到妻子身上，但妻子真是家庭內的主人嗎？移動，是為了實現家庭經濟的多元化，是家庭的理性選擇，丈夫外出、妻子留守使得夫妻家庭分工出現變化，與外出丈夫相比，留守婦女的負擔更重，家庭權力變大了，但責任也增加了。增加的背後，部分是丈夫主動讓渡的結果，部分是出於維持家庭的需要，部分是因外出的丈夫依然扮演管理者的角色、留守妻子則扮演執行者的角色。（羅小鋒二〇〇九）可以說，男出女守的分工模式下，妻子只是暫代者，**她在留守期間有一家之主的重責大任，卻不一定有一家之主的至高權力**。

夫妻本是共同體，男工在異地時也會哭泣也會想家，他們的思鄉之苦也呼應了妻子頂替時身心俱疲的勞苦。

石車比較倒楣，剛去不久右手指就被機器壓傷，受傷後還是單手做事，比琉球人還會做，他覺得臺灣人真的很勤勞，琉球人懶惰，一領到薪水就去喝酒，不來上班或乾脆罷工，臺灣人來了，才比較勤奮不好意思偷懶，邊做邊看、不敢隨便請假。但一想到自己工傷後的無助難過，還是眼眶泛紅、不堪回首地道出：

> 我去到一、兩個禮拜後，右手指就被機器壓傷，血肉模糊，西表島只有一位獨臂醫生，飛機船隻班次都很少，要是染上急病的人大概準死，他只幫我擦些藥；廠長也沒天良，受傷了卻只放我一天假，我覺得他們很無情。
>
> 同去的男工萬力人很好，受傷後那幾天，他都幫我洗衣褲和洗身體，算是好兄弟，但他只能待一個月所以提前回臺，我把帶去的美金託他先拿回來給我太太當生活費，那時我很難過，想和他一起回國算了，但想到剛蓋了房子又欠債，所以就忍耐撐完三個月。
>
> （石車，男，民國三十一年生）

害羞的石車其實想再去沖繩打工，但母親擔心不希望他再去，一想到手指受傷、小孩還小、太太一人扛家計，實在於心不忍，三更半夜太太帶著大兒子去田裡澆水，田地就在墳墓旁（眼角流淚），他大嘆出外條條難喔！我猜想這趟出國工作沒讓石車留下太多正向的回憶，只有不堪回首的嘆息。

文火大喇喇地說，他在那邊沒什麼痛苦的事，但是會想家想孩子，太太說「出去就不見了，返鄉是撿回來的」，能出去賺錢就是最好了。其實留在那邊也沒差，沖繩那邊的工作環境比臺灣好，日子很好過，就算留在那裡成為日本人也沒關係，只是會擔心孩子老婆是否平安健康。他碰到的雇主對移工不錯，非常喜歡刻苦耐勞的臺灣人。但後來太太寫信給他，騙說身體不好要他趕快回來，其實是她聽同村返鄉的男工說臺日快斷交了，如果不回家，恐怕就回不了了，所以文火只好返國，否則他真的想留在當地。種鳳梨的臺灣李姓移民，想用技術導入之名僱用他讓他留下來，他確實也打算把妻小都接過去定居。可以推測，跨國遷徙的成敗、榮辱與得失，仍與家族家人深深相連，從出發前夕到移地期間，他們建構這趟跨國經驗的意義時，還是緊緊牽繫原生家庭的父—母—妻—小，和留守的妻子與高堂共同撐起一家之主的職責。

返鄉之後

性別和種族、階級相同，是提供機會與壓迫的結構，也是給予身分和凝聚情感的結構；家庭，正是將這些結構置於其中進行活生生體驗的制度環境。不同性別的個體在家庭中的位置，直接關係到他們所能獲得和控制的資源、權力與機會。男性家長對家庭經濟負有首要責任，保證家庭成員的基本需求得到滿足，努力順應性別文化對他們的期待。（杜平二〇一七）返鄉後的男工如何再次面對原生社會的性別規範，被期待續演人子、人夫、人父的角色時，他們採取什麼應對，以保有一家之主的地位於不墜？

毋庸置疑的，首要面對的是改善家庭經濟，這是最具體的貢獻，也是履行人子、人夫、人父角色的最佳方式，包括買地、蓋房、還債、生活開銷等。文火以七萬元買了一塊兩分七厘的地；簡智馬上就去還錢，出國跟人借米得要還清，佃農的他馬上蓋了三間房子，兩房一廳，也買些農地；石車三個月賺了臺幣約八萬多，當時一天在大林的工資也不過才一百多元，回臺後先還蓋厝的錢，一下就花完了。重聽的萬力大聲地說，他賺回來的錢用在生活費就差不多了，沒買土地、也沒買什麼土產，拿回來的日幣去嘉義臺灣銀行兌換，莊稼人做事都老老實實，回來後家庭經濟改善、氣氛也變得比較好。萬力的太太素猜在一旁幫腔說：「先生從沖繩回來後也沒賺多少，因為只去一次，家裡三餐稍微比較好過點，當時已經分家，手頭一切都由丈夫掌握，我不會過問，他去沖繩是賺錢，沒法阻止，拿錢回來比較實際也比較好用。」然而，並非人人返鄉後都是一家之主，有人可以掌控家中經濟大權、有人則否。脾氣火爆、常講粗話的麗清感嘆，賺回來的錢都交給母親，那些錢又被兩個姊姊和姊夫挖走，什麼都沒有，根本沒有改善自己的家庭經濟，連買菸都要跟母親拿錢。

除了最具體的經濟貢獻外，男性返鄉後的角色扮演，各個家庭有不同的要求和期待，人子、人夫、人父的多重身分時而和諧、時而衝突。

先凸顯男工如何履行孝子的義務和責任。中國傳統性別規範強調人要當個孝子，至今仍鮮活地烙印在不同世代男性農民工的腦海，這是他們身分認同的核心來源，當他們在外地討生活時，**如何「做個孝子」，成為建構男性氣概及身分認同的重要參考點**。（Xiaodong Lin 2014）同樣的，南臺灣漁村男性的遷移經驗是：二十離鄉工作、三十跨海娶妻、四十返鄉照顧，其行動背後皆為履行父權社會期待的好兒子、好丈夫與好爸爸，遷移決策與行動鑲嵌在地區性的父權文化中，男子氣概依不同生命階段及家庭關係展現動態變化。（涂懿文、唐文慧二〇一六）雖說自古以來，對父母言聽計從是孝順的基本要求，遺憾的是，麗清的孝行是建立在**婆婆虐媳**、**兒聽母言**的傳統基礎上，從出國前到返鄉後都沒有改變，人子、人夫兩種身分相連相剋，更凸顯了農業社會媳婦在夫家地位的低賤卑下，以及這個角色的可憐可悲，令人不忍卒聽。還在服喪的文政說，父親麗清去沖繩時他還未出生，出國的事都是從家人口中間接聽聞的。

我的母親和父親再婚於民國五十七年，她是第二任太太，五十九年底父親去沖繩，返鄉時母親抱著剛出生的大姊，搭村民包的遊覽車去基隆港迎接，聽說這樣會讓爸爸驚喜。但結果因這件事，母親被公婆一直數落謾罵，爸爸回家後也被罵，因為坐車浪費錢，爸爸還對包遊覽車的人生氣。父親回來後錢都交給祖母，祖母對母親只會虐待施暴，打媽媽打到吐血，血水流滿地，鄰居來的時候還要忙著掃血水。**祖母還慫恿父親打母親，不動手是大不孝**，爸爸生前說如果沒有照祖母的話去做，祖母會生氣搥自己的胸部，在地上打滾，所以打老婆的事也是逼不得已。可以想見，父親去沖繩時媽媽在家應該不好過，之前都沒做月子，祖母把媽媽娘家拿來坐月子的東西送給姑姑，留守的母親當然辛苦。（文政，男，民國六十二年生）

再看看慈父的角色，表現在返鄉後男工對於子女的呵護照料。簡智返鄉後小孩都很高興，他去北港買了顆大西瓜，分給五個小孩吃，也分給妯娌的小孩們吃。文火不斷提及自己的子女，笑瞇瞇地說返國時沖繩頭家高興地送他一套西裝，他沒機會穿，後來送給兒子，自己很節省，穿老爸留下來的「布袋衣」。當時他買了十四吋東芝彩色電視機，家中還是看黑白電視，臺灣的彩色電視畫質偏紅，沖繩那邊的畫質好，他一到基隆港有人就要出錢買，但這是送給小孩看的，他們看得很高興，映像管都看到燒壞了。返鄉後他以七萬元買的土地，後來為了幫忙兒子以三百萬賣出，雖然很捨不得，自己辛苦沒關係，但捨不得小孩辛苦吧。他覺得日本的東西都很好，不管是藥品或電視，臺灣本土的都比不上，他也因自己擁有那些東西而感到驕傲，孫子們現在也因他會說點日語而崇拜他。可以看見，文火多次跨國做工的遷徙經驗，不僅改善了家中經濟的窘況，增添親子間的良好互動，**他對於日本現代性的體驗與認知，更成為子孫給予他肯認的來源**，透過這樣的旅程，他實踐了農村社會對於賢父、慈父角色的期待，而他自己也樂於扮演這樣的角色，並深感榮耀。

透過出發、移地、返家三部曲，我檢視了男工如何在原鄉的家庭內扮演人子、人夫、人父的角色，他們是否為一家之主，取決於他們能否決定要不要移出、出國期間妻子只是暫代者而非取代者、返鄉後對家庭的經濟貢獻、是否擁有這些貢獻的分配權和使用權、與家人的互動方式等。六位男工終究選擇回到了大林，持續過著三代同堂大家庭的生活，或是分家後核心家庭的生活，和女工相同，面對性別規範的制約，他們仍得不斷地協商、拉扯與調整。

打拚的臺灣鐵牛

我想更進一步知道他們在沖繩打工的真實情境，瞭解他們對這個情境的冷暖體驗，以及這個體驗對於返鄉後扮演人子、人夫、人父的角色有何影響、或沒什麼影響？當他們暫時脫離土生土長的農村社會，轉而成為一名遠渡重洋的移工時，如何表述自己的生命經驗？工作經驗是男性自我定義及自我認同的極重要內涵，六位男工都是短期季節性的勞動者，在沖繩的時間不長，打工賺錢是他們最主要的目的，與接待社會的接觸也局限在工作層面，因此，掌握男工對於工作的認知態度及實際經驗，可以掌握這趟跨國之行對於自我定義與自我形塑產生了什麼作用。六位男性的工作內容因人而異，有單純勞動或專業技術，經驗也千差萬別，有正向肯定或負面挫敗，我擷取到的景象是：蔗園工的勤奮以及場內工的兩難。

先從體力勞動的蔗園工談起，簡智在南大東時負責開牛車載甘蔗，同時還要搬運甘蔗、砍甘蔗，頭家的甘蔗肥料下得很重，沒有載甘蔗時，他也要幫忙施肥，當然都有算工錢，身體痠痛但也沒在怕。他說自己真的太勤勞了，頭家對他很好，會煮炒麵炒飯等點心給他，因為出力最多。高瘦黝黑的文火去了與那國島，又去了八重山，他說自己太勤奮了，早上砍蔗晚上砍柴，頭家每天都請他喝酒，他不敢喝，頭家說男人都要會喝酒。砍蔗結束後，文火去了當地飯店搬運食材水果肉類，也去過鳳罐工廠。當時的他年輕有力、手腳快、又肯做，一到沖繩很多人搶著僱用，拿一堆棉被枕頭送他。當地工資高一小時一千日元，勝過大林一天的工資，他負責砍一大片蔗園，頭家給一萬日幣，覺得僱到文火真是太便宜了！他也幫忙插秧，一天就五美元，頭家稱讚他技術真好。

清楚看到，簡治與文火彷彿臺灣鐵牛的化身，他們不斷強調自己在異地勤勞、認真、刻苦的工作態度和傲人的工作績效，受到當地頭家的高度讚許，他們認為一個男人該如何做事、該像什麼，怎樣的工作態度和成果是身為男性引以為榮的，這也成為他們跨海遷徙的過程中，高度自我肯定、自我認同的正向經驗表述。

萬力和石車不是蔗園工，他們兩人一同在西表島的糖廠擔任廠內勞務，免於戶外的風吹雨打日曬，萬力的工作主要是看顧機器，確定是否製成糖的原料，他認為工作本身沒什麼困難，也沒做重度體力的事。石車覺得糖廠工作薪水固定但比較少，一天大概只有五千多日圓，砍蔗雖然辛苦，可是薪水很多。琉球產黑糖，他的工作是撞糖，就是把糖打散；之前在大林糖廠時，是把蔗汁弄成糖膏，髒土要瀝掉還要洗布，兩邊做法不同，琉球那邊做的比較簡單，不用學就會了，人家叫他怎麼做就照著做。

不同於萬力和石車認為西表糖廠的廠內工作簡易好做，木川也是待在糖廠，但情況和反應完全迥異。他在南大東的糖廠做結晶工，非常自豪地強調，廠內工作是需要「技術」的，不是任何人都可做，這是**技術導入**，壓榨出來的蜜汁組織做成糖，結晶之後要分離，把雜蜜和糖分離出來這項工作是有技術性的，和學校學的化學有關。總廠的人過來看，很欣賞他的工作能力，在大林糖廠時他也都做過，他們驚嘆臺灣也有此人才，一個人同時顧四、五臺機器，用目測就知道了。木川很得意地笑說，他被當地人巴結的插曲。「裡面的班長年紀大我一些，休息時都會帶我逛逛，當時我年輕能做事，他常請我喝酒，蠻欣賞我的能力，還說班長要讓我做，我本來想巴結請他吃飯，結果每回都是他請我吃飯喝酒，我感覺自己反而被他巴結了。這位班長還曾經想要介紹他的妹妹給我，是糖廠分析員，當時我已婚，妻子也在身邊就拒絕了。」

但木川痛苦的回憶也和他的工作能力有關，就是被糖廠的其他臺灣人陷害。「彰化溪州來的男技術員，我們一起在糖廠做事，有天我肚子痛去上廁所，拜託他幫我看結晶數據，交代要做分離分析，結果他沒有加水加蜜，還辯稱是在打瞌睡欺騙我，機器聲音很大不可能沒聽到，我有點怨嘆，同樣是臺灣人彼此卻不照應，我對他從此不再信任，我想他有點忌妒我的工作能力比他強，當地人都對我也比較好吧。」

由此觀之，木川本身學歷高，出國前就在大林糖廠工作過，跨國遷徙之後也仍持續同樣的工作，他自詡工作內涵是有技術的，也達成了亮眼的工作成果；他能言善道、喜好社交的性格，讓他在糖廠獲得主管的青睞和肯定；但也因能力太好而招忌，為他帶來人際上的災難和工作上的意外。

我也聽到返鄉後男工在村落層面出現了某些作為。和女工一樣，男工會做點贈與或買賣交易。文火返國前買了幾瓶養命酒，打開後裝到塑膠桶裡，說是自己要喝的，海關就不會要求繳稅金，算是走私吧；回到上林後再分裝成數瓶，有的送人有的賣人，鄉下人知道後買藥酒都來詢問；他也買了顧肝丸，村子裡噴農藥的人很多，且肝臟都不太好。

其次，男工也會介紹村人出外打工。一九八〇年代中期，大林已經很少人再去沖繩做工了，但移工返鄉後，仍持續在臺灣各地遷徙，無論是務農或務工。勤勞又古意的簡智開始去全省工地幫忙綁鐵，那裡的工資更多，有時一個月才回家一次，住在工地日夜趕工。他也去其他地方做農事，插秧割稻都有，採承包制，很多上林的女工也跟著一起去，他覺得錢賺了不少，所以也沒想再去沖繩了。

不同的是，男工還擔任村里義工或參與公共事務，雖然這是後來的事了。文火一直強調自己很會做事很勤勞，也發揮在義工方面，村里造橋鋪路擋水什麼都做，他認為做好人、做好事就會有好報，免費供應番薯葉或青草茶給路人。簡智後來擔任上林安林宮的館主，舞獅團的召集人，以及第六屆社區發展協會常務監事。

這齣戲已然落幕，一九六〇至七〇年代往返於臺沖的季節性農業移工各自歸位，所有演員、道具、布景、聲息也都煙消雲散、無影無蹤。然而時光彷彿錯置，幾年前我就聽說，不少來自東南亞的移工在大林周邊的農場打黑工，假日清晨也常見他們在菜市場採買，或夕陽餘暉下騎鐵馬呼嘯而過。轉眼四十年間，一個曾送出短期跨國移工的偏鄉小鎮，開始迎接東南亞外勞的到來，二〇一九年四月底，農委會宣布開放引進印尼、越南的農業移工，以解決臺灣中南部農業的缺工問題。

注釋

1　一九五〇年代初期，因國共內戰遷徙至臺灣的軍公教人員及其眷屬在數十萬以上，除了軍人、軍眷福利有其特有法令之外，為了照料改善公教人員薪水微薄、生活條件不佳的問題，並在不引發通貨膨脹的情況下，臺灣省政府於一九五二年成立「公教人員生活必需品配給委員會」，配發的日常用品為食用米（糙米）、點燈燃料用煤油、食用花生油及再製鹽。維基百科「公務人員生活必需品配給」（檢索日期：二〇二〇年六月十四日）

尾聲

本書是我個人科技部專題研究計畫「流動的父權：一九六〇至一九七〇年代嘉義縣大林鎮的沖繩返回移工」（MOST106-2410-H-343-005-MY2）、國科會專題研究計畫「一九六〇至一九七二年沖繩諸島臺灣女性移工的跨國生命經驗」（NSC 98-2410-H-343-022-MY2）的成果集結，同時從送出地及接受地雙方的立場，探照這段被遺忘的人口遷徙史。我於二〇〇六至二〇一一年、二〇一五至二〇一八年兩個階段在嘉義縣大林鎮訪談當年去過沖繩的返回移工、移工家屬和周邊鎮民；二〇一〇年二月和二〇一九年一月兩度赴日本沖繩縣南大東島訪談僱用過臺灣工人的蔗農、糖廠及店家等相關當事人；二〇一一年一月在石垣島訪談原鳳罐工廠的臺灣女工、曾管理或接觸過臺灣女工的鳳罐產業男性職員、以及當地的臺灣移民等。

本書以個人已發表的三篇期刊論文及一篇研討會論文為框架，進而延伸補強，分別是：〈離返與性別規範：一九六〇至七〇年代沖繩諸島的臺灣女工〉，《思與言》二〇一一年，第四十九卷第三期一百六十七—二百一十八頁。

〈東方主義的再思考：南大東島島民與大林女工的雙向凝視〉，中央研究院亞太區域研究專題中心《亞太研究論壇》二〇一一年，第五十四期六十一－九十四頁。

〈一九六〇至八〇年代八重山鳳罐產業的臺灣女工：再現、敘事、反身性〉，中央研究院亞太區域研究專題中心《亞太研究論壇》二〇一四年，第六〇期二十五－五十四頁。

〈離返、留守與性別規範：一九六〇至七〇年代嘉義大林的沖繩返回女工〉，二〇一九臺灣女性學學會（於臺南市成功大學）。

章節的安排上，我借取音樂創作中對位式（counterpoint）的精神，讓兩條或更多條相互獨立的旋律同時發聲且互相融合：第二章和第三章是接受地對於女工的再現和凝視之對比，第三章和第四章是接受地與送出地兩方的互看，第五章與第六章是離返者與留守者的對照，第六章與第七章是留守當事人與非當事人的關係，第五章與附錄是制約男女工離返經驗與性別規範之異同。本書遵循論文實事求是的精神，以深入淺出的格式及筆觸呈現，透過日常的口吻和珍貴的老照片，傳遞主要見證人的心境。受訪者的日語一律中譯，並於夾注號內附原文，或為了強調語氣，先寫日文再附中文；閩南語以慣用中文或音譯呈現，必要時於夾注號內附中文。所有書中的受訪者皆以真名呈現，日本人（包括已歸化日本的臺灣移民）以姓氏加全名表記，臺灣人只取名不放姓。

在此，由衷地感謝所有報導人及相關單位（上林社區發展協會、南大東村役場、大東糖業株式會社、南大東村商工會）給予我的信任和協助，共同參與這段歷史空缺的彌補。南大東村商工會補助本書的出版，並將第三、四章論及南大東的部分譯成日文，列入「令和元年度南大東村商工會品牌事業」，永久典藏。

還有，來自日本兩所高等學府的支援。二〇一〇年一至二月，我取得琉球大學國際沖繩研究所客員研究員之資格，以國科會專題研究計畫的經費，前往南大東島進行首次的田野研究。二〇一五年七至八月，我接受日本交流協會年度招聘活動訪日研究者的獎

沖縄へ出稼ぎ 記録に

台湾の徐さん 復帰前に南

【松田良孝台湾通信員】復帰前の沖縄では、
トウキビやパイナップルなどの農業分野で人手
ことがある。出稼ぎ労働者を送り出した地域の
嘉義県大林鎮を訪れ、南大東島で働いた経験
(81)にインタビューすると、言葉がうまく通じ
巾1枚をもらうのにも四苦八苦した経験を聞く

「琉球製糖株式会社四十周年記念誌」によると、製糖工場やキビ刈りでは1966年から6年間に台湾人労働者延べ5892人が働いていた。「南大東村誌」によると、この6年間では台湾から延べ3
人の労働者が働きに
島内で製糖工場やキ
などに従事する労働
人に1人は台湾人だ

南大東島で買ってきた毛糸で編んだセーターを手にする徐さん＝台湾嘉義県大林鎮

寶珠拿著當年從沖繩買回來的毛線請村民打成的毛線衣（翻拍自《沖繩時報》二〇一七年五月六日）

助金，以京都大學大學院文學研究科社會學研究室招聘外國人學者的身分，從事**地域女性史同好團體**的調查。此次的移地研究，我有機會觀摩滋賀縣近江八幡市女性史同好團體的運作，讓我更堅信，尋常百姓重現歷史舞臺的必要與重要，也瞭解到地域女性史產出的具體步驟及呈現方式。[1]

《琉球新報》記者吳俐君、原《八重山每日新聞》記者松田良孝兩位友人，對於本研究的資料提供及多次報導，春山出版社總編輯莊瑞琳女士與主編夏君佩女士，對本書議題的高度肯定以及對內容的翔實編審，我獻上十二萬分的感激。

本書的所有訪談文字都出自我的採集、聆聽、整理和反芻，對於多次互動的幾位高齡阿嬤以及陪同在場的村民鎮民，我致予最高的敬意，他們願意現身與獻聲，讓訪談增添不少樂趣和話題，給予我書寫及出版莫大的勇氣。當然，必須坦承本書的缺憾，也出現在訪談過程中。大林鎮地小人稀，受訪者彼此熟識，通常是親族或鄰里關係，訪談中難免有說東道西或揭人瘡疤的內容，這些敘說確實讓我更瞭解當事人的處境與心境，但到底哪些該呈現、又不該呈現，令人為難。我緊扣本書的宗旨：凸顯返回女工對於個人主體性的打造（雖然極其有限）以及對於家庭經濟的貢獻，探照留守家族的內心世界和具體付出，關注村民對跨國勞動遷徙的看待，以此詮釋一九六〇至七〇年代偏鄉農村性別文化的風貌。換言之，與此宗旨偏離、太過負面、涉及人身攻擊的內容，必須割捨或以婉轉方式改寫。

必須坦承，我和受訪者的關係並非始終如一、平穩和諧，時而合作連帶，時而矛盾緊張，我以**反身性書寫**（reflective writing）回顧這段歷程。

反身性（reflexivity）這個概念，由俗民方法學者葛芬柯（Harold Garfinkel）所提出，有三個層次的意義。首先，反身性指的是，行動者有意識地面對這個世界，試圖理解他所面對的情境意義，根據他對這個意義的理解，採取適當回應，留意這個回應對情境的影響，據此調整行動，進一步確定情境的意義。第二層意義強調的是，社會行動自我釐清的過程，每個人都預設了日常生活是有條理的，我們根據某些理路來掌握所面對的情境意義。個人在行動時，會對情況加以理解，捕捉當下的意義，根據這個意義，採取行動回應。這個回應本身，也參與了意義的形成。第三層次意義則是，社會學家面對的反身性，進一步迫使他們把自己的研究觀點加諸己身。（黃厚銘一九九九）

援引這三個層次的意義，彰顯反身性概念在本書的重要，那就是審視我與受訪者之間的互動，以及這些互動如何影響研究結果的呈現；反思我過往和書寫當時的生命經驗，如何投射到受訪者身上，也表現在問題意識與書寫風格上。漂浮於敘事內容的茫茫大海，我雖然沒有親身經歷受訪者口中的時空，但聽聞中不斷反芻也感同身受，**書寫別人，其實，也是書寫我自己**，特別是聽到砍蔗工的勤奮節儉、苦旅中的思鄉之痛、留守孩童的孤苦無依時，我彷彿身臨其境、再次回味。

能夠肯定的是，我從受訪者的敘事中，挖掘出她們寶貴的生命經驗，得以在森羅萬象的歷史洪流裡，拼貼出女工的多元身影。但我始終無法確定，對這些受訪者而言，訪談敘事到底有什麼收穫、意義或感覺？對他（她）們而言，可能只是打開了塵封已久的回憶，經歷了一段短暫而不錯的分享過程。

紫鳶，民國十九年生，不識字，本研究第一位正式受訪的女工，二〇〇六年五月九日下午，在大林國小退休老師劉萬來與高清和的陪伴下，於明華里三合院家中接受我的訪談。再去找她時已事隔多年，她成為獨居的老孀，蹲在家門口前揀菜葉，算是打零工賺點小錢，問她右手腕為何有一大片白色傷痕？說是洗蔬菜時農藥漂白水浸泡所致。阿桑已經重聽，但記憶和說話都算清楚，她笑說自己「活過頭了」（活太久），每次看見我的到來，都非常喜悅，自然地提起在沖繩的往事。原本以為她是為了滿足、迎合我的研究索求，但似乎也不是，她需要的是陪伴和傾聽。

最後，本書也是真切的自我救贖。我的祖母是養女，祖父被招贅，是所謂**養女招贅婚**的結合[2]，祖母的強悍霸道遇上祖父的懦弱退讓，讓她得以衝撞、挑戰傳統的性別規範，獲得些許地位和聲望，但女尊男卑的組合也帶給家族諸多的幸與不幸。僅以此書記念祖父母。

二〇二〇年　盛夏

注釋

1 嘉義大林並無在地人自營、長期寫村史的團體，我透過大學部課程「社會科學概論」及「移民與當代社會」，安排服務學習，引導學生參與記錄移工的故事。

2 養女招贅婚是沒有子嗣或單身者，利用收養女童，待其成年後招贅，以進行無血緣的父系親屬傳承。吳鳳珠（二〇一一）以布爾迪厄（Pierre Bourdieu）的象徵暴力（symbolic violence）觀點反思養女招贅婚家庭成員，如何在漢人家庭的「房」、「輩分」的主從位階及性別象徵系統中，透過意識、認知、情感與行動，默認與實踐父權象徵暴力，造成家庭成員及世代間的衝突。

Martinez, S. 1996. *Peripheral Migrants: Haitians and Dominican Republic Sugar Plantations.* Tennessee：University of Tennessee Press.

Massey, Douglas S. 1990. Social Structure, Household Strategies, and the Cumulative Causation of Migration, *Population Index* 56：3-26.

Mills, Mary Beth. 1999. *Thai Women in The Global Labor Force: Consuming Desires, Contested Selves* . London：Rutgers University Press.

Onica, Cristina. 2009. *Women's Migration from Post-Soviet Moldova: Performing Transnational Motherhood.* Saarbrücken：VDM Verlag Dr. Müller.

Resurreccion, Bernadette P. & Ha Thi Van Khanh. 2007. Able to come and go: Reproducing gender in female rural-urban migration in the Red River Delta, *Population, Space and Place* 13(3)： 211-224.

Tienda, Marta & Karen Booth. 1991. Gender Migration and Social Change, *International Sociology* 6(1)：51-72.

Vitale, Analía.（ヴィタレ・アナリア）2016.「Latin American male migrants and the readjustment of their masculinity in Japan」, 同志社大学人文科学研究所『社会科学』46(1)：93-120.

White, D. G. 1999. *Ar'n't I a Woman?: Female Slaves in the Plantation South.* NY：W.W. Norton & Co.

Willis, Katie & Brenda S. A. Yeoh (eds.). 2000. *Gender and Migration.* Cheltenham：Edward Elgar Publishing.

Wolf, Margery. 1972. *Women and the Family in Rural Taiwan.* California：Stanford University Press.

英文

Azmi, Fazeeha & Ragnhild Lund. 2009. Shifting Geographies of House and Home Female Migrants Making Home in Rural Sri Lanka,《地理學報》57：33–54.

Barlow, Tani E.(ed.)1997. *Formation of Colonial Modernity in East Asia*. Durham: Duke University Press.

Camp, Stephanie M. H. 2003. *Closer to Freedom: Enslaved Women and Everyday Resistance in the Plantation South*. North Carolina：The University of North Carolina Press.

Chant, Sylvia H.(ed.)1992. *Gender and Migration in Developing Countries*. London：Belhaven Press.

Deshingkar, Priya & John Farrington (eds.)2009. *Circular Migration and Multi Locational Livelihood Strategies in Rural India*. Oxford：Oxford University Press.

Gallo,Ester & Francesca Scrinzi. 2016. *Migration, Masculinities and Reproductive Labour: Men of the Home.* London: Palgrave Macmillan UK.

Guest, P.1993.The determinants of female migration from a multilevel perspective, pp. 223-242. *In Internal Migration of Women in Developing Countries*, edited by R. Bilsborrow. NY: United Nations.

Jain, S. & R. Reddock 1998. *Women Plantation Workers: International Experiences.* London：Berg Publishers.

Lin, Xiaodong. 2014. 'Filial Son', the Family and Identity Formation Among Male Migrant Workers in Urban China, *Gender, Place & Culture* 21(6)：717-732.

南大東村誌編集委員会、1990、『南大東村誌』、南大東村：南大東村役場。

宮本なつき、2007、「砂糖黍畑の女たち：ハワイ日本人移民女性と 1920 年のオアフ島第二次ストライキ」、『ジェンダー史学』3:19-32。

目取真俊、2003、「魚群記」、『平和通りと名付けられた街を歩いて：目取真俊初期短編集』7-31、東京：影書房。

目取真俊、2001、『沖縄 / 草の声．根の意志』、横浜：世織書房。

八尾祥平、2013、「戦後における台湾から「琉球」への技術導入事業について」、蘭信三編『帝国以後の人の移動―ポストコロニアリズムとグローバリズムの交錯点』637-665、東京：勉誠出版。

八尾祥平、2010、「戦後における台湾から「琉球」への技術者．労働者派遣事業について」、『日本台湾学会報』12:239-253。

山原公秋、2011、「目取真俊の台湾表象―「魚群記」「マーの見た空」をめぐって―」、立命館大学文学部日本文学会『論究日本文學』95:65-80。

山本昭代、2007、『メキシコ．ワステカ先住民農村のジェンダーと社会変化：フェミニスト人類学の視座』、東京：明石書店。

琉球政府労働局職業安定課編、1971、『職業紹介関係年報 1970』、那覇：琉球政府労働局。

若夏社編、1992、『琉球製糖株式会社四十周年記念誌』、南風原町（沖縄）：琉球製糖株式会社。

導入と展開」、日本地理学会『地理学評論』51(4):318-326。
星山幸子、2003、「トルコ農村社会における女性の劣位性とジェンダー分業:“アユップ”の行為をとおして」、『国際開発研究フォーラム』24:95-111。
星名宏修、2003、「『植民地は天国だった』のか―沖縄人の台湾体験」、西成彦. 原毅彦編『複数の沖縄―ディアスポラから希望へ』169-196、京都:人文書院。
又吉盛清、1990、「沖縄女性と台湾植民地支配」、法政大学『沖縄文化研究』16:329-352。
松田ヒロ子、2008、「沖縄県八重山地方から植民地下台湾への人の移動」、蘭信三編『日本帝国をめぐる人口移動の国際社会学』529-558、東京:不二出版。
松田良孝、2013、『与那国台湾往来記「国境」に暮す人々』石垣市:南山舎。
松田良孝、2010、『台湾疎開「琉球難民」の1年11カ月』石垣市:南山舎。
松田良孝, 2004、『八重山の台湾人』、石垣市:南山舎。
水田憲志、2011、『戦後琉球政府時代の石垣島における台湾系住民』、日本台湾学会第13回学術大会、5月28-29日。
水田憲志、2008、「戦後の石垣島における台湾人移民の入植」、法政大学沖縄文化研究所. 関西大学東西学術研究所第1回研究交流会、1月28日。
水田憲志、2003、「日本植民地下の台北における沖縄出身〈女中〉」、関西大学史学. 地理学会『史泉』98:36-55。
南大東村、1964、『村勢要覧』、南大東村:南大東村役場。

第一製糖株式会社、1980、『第一製糖株式会社 20 周年記念誌』、糸満 : 第一製糖株式会社。

大東糖業 30 年の歩み編集委員会編、1982、『大東糖業 30 年の歩み』、南大東村 : 大東糖業株式会社編集。

外村大．羅京洙、2009、「1970 年代中期沖縄の韓国人季節労働者 : 移動の背景と実態」、日本移民学会『移民研究年報』15:77-95。

長田攻一、1987、『社会学の要点整理 (改訂版）』、東京 : 実務教育出版。

那谷敏郎、栗原達男、1969、「石垣島の台湾人労働者」、『朝日ジャーナル』11(34):81-87。

西成彦、2003、「暴れるテラピアの筋肉に触れる」、西成彦．原毅彦編『複数の沖縄 : ディアスポラから希望へ』7-18、京都 : 人文書院。

野入直美、2000、「石垣島の台灣人 : 生活史にみる民族関係の変容一)」、琉球大学法文学部人間科学科紀要『人間科学』5:141-170。

野入直美、2001、「石垣島の台灣人 : 生活史にみる民族関係の変容二)」、琉球大学法文学部人間科学科紀要『人間科学』8:103-125。

早瀬保子編、2002、『途上国の人口移動とジェンダー』、東京 : 明石書店。

平岡昭利、1992、「サトウキビ農業における外国人労働者の導入と実態」、サンゴ礁地域研究グループ編『熱い心の島 : サンゴ礁の風土誌』125-136、東京 : 古今書院。

平岡昭利、1978、「南大東島における甘蔗農業への外国人労働力のイ学会『年報タイ研究』7:55-78。

北村文、2009、『日本女性はどこにいるのか : イメージとアイデンティティの政治』、東京 : 勁草書房。

北村文、2006、「女が女を語るとき、女が女に語るとき : フェミニスト．エスノグラフィーの (不) 可能性」、東海ジェンダー研究所『ジェンダ - 研究』9:3-26。

国永美智子、2011、『戰後八重山的鳳梨產業與臺灣「女工」』淡江大學亞洲研究所碩士班碩士論文。

倉光ミナ子、2012、「サモアにおける国際移動と社会システムの関係の再考 : ある既婚女性の移民経験の事例から」、『お茶の水地理』51:86-99。

小池誠、2014、「グローバルな人の移動とインドネシア．カラワンの家族」、『桃山学院大学総合研究所紀要』40(1):25-39。

呉俐君、2012、『戦後沖縄本島における台湾系華僑 : 一世の移住過程を中心に』琉球大学大学院人文社会科学研究科比較地域文化専攻博士論文。

佐久本佳奈、2015、「目取真俊『魚群記』論 : 台湾人女工をめぐる政治．経済．欲望」、法政大学沖縄文化研究所『沖縄文化研究』41:297-326。

佐久本佳奈、2014、「目取真俊『魚群記』における貨幣的存在」、『琉球アジア社会文化研究』17:49-67。

朱惠足、2001、「目取真俊「魚群記」における皮膚 色素 / 触覚 / インターフェイス」、『現代思想』29:18-30。

城間雨邨、2001、『南大東島開拓百週年紀念誌』、南大東村 : 南大東村役場。

係論文集』569-602、台北 : 中琉文化經濟協會。

小瀬木えりの、1998、「国際出稼ぎと女性の役割 : 香港および日本で働くフィリピン女性の事例から」、『東南アジア史学会会報』68:17-18。

小川さくえ、2007、『オリエンタリズムとジェンダー:「蝶々夫人」の系譜』、東京 : 法政大学出版局。

金戸幸子、2010、「〈境界〉から捉える植民地台湾の女性労働とエスニック関係 : 八重山女性の植民地台湾への移動と「女中」労働との関連から」、『歴史評論』722:19-33。

金戸幸子、2008、「1930 年代以降の台湾における植民地的近代と女性の職業の拡大 : 八重山女性の職業移動を通じた主体形成を促したプル要因との関連を中心に」、東海ジェンダー研究所『ジェンダ - 研究』11:171-195。

金戸幸子、2007、「1930 年前後の八重山女性の植民地台湾への移動を促したプル要因 : 台湾における植民地的近代と女性の職業の拡大をめぐって」、琉球大学移民研究センター『移民研究』3:1-26。

川崎澄雄、1990、「鹿児島農村における渡航者のアメリカ的家族生活 : 帰国した出稼ぎ者の生活史」、鹿児島国際大学『季刊社会学部論集』9(3):1-28。

川橋範子、1997、「フェミニストエスノグラフィーの限界と可能性 : 女による女についての女のための民族誌 ?」、『社会学年報』23:55-85。

木曽恵子、2007、「東北タイ農村における移動労働と女性をめぐる規範 :1970 年代以降の女性の移動労働の展開を通して」、日本タ經濟協會。

羅小鋒，2009，《農民工夫妻流動與夫妻平等：基於福建省的多個案研究》。廣州：中山大學博士論文。

Butler, Judith 著，郭劼譯，2009，《消解性別》（*Undoing Gender*）。上海：三聯書店。

Lieblich, Amia 等著，吳芝儀譯，2008，《敘事研究：閱讀，詮釋與分析》（*Narrative Research: Reading, Analysis and Interpretation*）。嘉義：濤石文化。

Said, Edward W. 著，王志弘等譯，1999，《東方主義》（*Orientalism*）。臺北：立緒出版。

日文（五十音順）

飯田収治、1991、「プロイセン渡り」の季節労働者について - 上 -20 世紀初め、東欧からドイツ農業に出稼をした人々」、大阪市立大学文学部『人文研究』43(7):503-536。

飯田収治、1992、「プロイセン渡り」の季節労働者について - 下 -20 世紀初め、東欧からドイツ農業に出稼をした人々」、大阪市立大学文学部『人文研究』44(12):917-935。

上野千鶴子、1994、『家父長制と資本制 : マルクス主義フェミニズムの地平』岩波書店。

小ヶ谷千穂、2000、「フィリピン農村女性の海外出稼ぎとジェンダー関係の相関 : ケーススタディからの考察」、『アジア女性研究』9:74-80。

小熊誠、1989、「石垣島における台湾系移民の定着過程と民族的帰属意識の変化」、『第二回琉中歴史関係国際学術会議琉中歴史関

臺北：臺師大教育心理與輔導學系在職進修碩士班碩士論文。

許郁蘭，1997，《台灣媳婦仔制度的社會文化分析：身體管訓，主體性，與性別權力網絡》。臺北：東吳大學社會學研究所碩士論文。

章門煌、林玲媛、徐慧貞，2007，〈外籍勞工寄生蟲感染的調查〉，《北市醫學雜誌》4(9)：808-813。

張錦華，1994，《媒介文化，意識型態與女性：理論與實例》。臺北：正中書局。

黃俊傑，2003，《歷史知識與歷史思考》。臺北：國立臺灣大學出版中心。

黃蘭翔，2002，〈日本殖民統制下台灣人在沖繩石垣島上之移墾與融入〉，中研院「殖民主義與現代性的再檢討」研討會，12 月 23-24 日。

黃厚銘，1999，〈知識份子，社會學家，與反身性〉，《台大社會學刊》27：41-70。

曾秋美，1998，《台灣媳婦仔的生活世界》。臺北：玉山社。

楊玉鶯，2010，《家庭經濟貢獻與家庭內的性別關係：探討曾為台灣移工之越南北部農村女性的家庭地位變化》。埔里：暨南國際大學東南亞研究所碩士論文。

董建宏，2012，〈站在台灣農業發展的十字口：1970 年代台灣農業政策轉變對農地與農業，農村發展之衝擊〉，《跨界：大學與社會參與》2：56-76。

韓丹，2013，〈碧落黃泉兩處難尋：作家林小琴《苦甘蔗》中的女性形象研究〉，《吉林省教育學院學報》29(12)：116-117。

簡瑞宏，1989，〈琉球石垣島所見之中華文化〉，張希哲編《中華文化在琉球：琉球歷史文物考察紀要》，186-193 頁。臺北：中琉文化胡台麗，1982，《媳婦入門》。臺北：時報出版社。

韋福安，2014，〈越南砍蔗女工的跨國流動研究〉，《廣西民族大學學報 哲學社會科學版》36(2)：72-76。

洪醒夫，1982，《田莊人》。臺北：爾雅出版社。

洪醒夫，1978，《黑面慶仔》。臺北：爾雅出版社。

涂懿文、唐文慧，2016，〈家庭關係與男子氣概的建構：一個漁村男性的遷移傳記〉，《人文及社會科學集刊》28(2)：215-258。

馬李娜 ，2011，《兩性關係的新格局：對貴州陡寨留守丈夫群體的人類學研究》。北京：中央民族大學碩士學位論文。

陳希煌，1988，〈農業勞動力之變動分析〉，《臺灣農業經濟問題之探原：經濟發展過程中》，頁 312-348。臺北：稻香文化。

陳荔彤，2005，〈琉球群島主權歸屬：歷史角度與國際法〉，《東海大學法學研究》22：1-28。

陳憲明，2006，〈琉球石垣島與台灣之間的區域互動：從移民及文化經濟交流層面的初步研究〉，臺灣師範大學地理學系地理學會《地理教育》32：1-16。

曹永和，1989，〈華人在石垣島發展之事例〉，張希哲編《中華文化在琉球：琉球歷史文物考察紀要》，頁 181-185。臺北：中琉文化經濟協會。

莊韻慧，2003，《泰國鄉村女性遷移與都市勞動參與：以曼谷台商ECI 工廠為例》。臺北：淡江大學東南亞研究所碩士論文。

許育銘，2006，〈戰後處理與地緣政治下的國民政府對琉政策：以40、50 年代為中心〉，大阪外國語大學「ワークショップ＜中国＞のインパクトと東アジア国際秩序」研討會，11 月 11 日。

許佩瑜，2013，《一位童養媳阿嬤的生命故事：從自卑中淬煉堅毅》。

李素月主編，2015，《宜蘭女聲：阿媽的故事，（童養媳˙養女篇）》。宜蘭：宜蘭縣縣史館。

李強，2015，《大國空村：農村留守兒童，婦女與老人》。北京：中國經濟出版社。

何義麟，2008，〈戰後在臺琉球人之居留與認同〉，《國史館學術集刊》18：129-164。

吳惠芳，2011，〈留守婦女現象與農村社會性別關係的變遷〉，《中國農業大學學報社會科學版》3：104–111。

吳麗珠，黃彥芳，楊靖慧，2009，〈2001-2007 年外籍勞工健康檢查概況〉，《疫情報導》25(7)：486-504。

吳鳳珠，2011，《養女招贅婚家庭之權力圖像》。花蓮：東華大學族群關係與文化學系研究所碩士論文。

金一虹，2015，《流動的父權：中國新農村性別結構變遷研究》。南京：南京師範大學出版社。

金一虹，2000，《父權的式微：江南農村現代化進程中的性別研究》。成都：四川人民出版社。

林育生，2014，〈遠行與作功德：泰國東北社會男性跨國移工的性別政治與行動意義〉，《臺灣東南亞學刊》10(1)：33- 69。

林佳儀，2008，《媒體素養教育之教學指引架構發展：以「轉化媒介再現刻板印象」為例》。臺北：政治大學廣播與電視研究所碩士論文。

邱琡雯，2016，〈日本地域女性史同好團體〉，教育部訓委會《性別平等教育季刊》77：110-118。

林雙不，1984，《筍農林金樹》。臺北：前衛出版社。

林雙不，1983，《台灣種田人》。臺北：水芙蓉出版社。

參考文獻

中文

于宗先、王金利，2009，《台灣人口變動與經濟發展》。臺北：聯經出版社。

方治，1990，《我生之旅》。臺北：東大圖書公司。

中琉文化經濟協會編，1998，《中琉四十年交流紀要》。臺北：中琉文化經濟協會。

王開玉等，2016，《不一樣的童年：中國農民工子女調查報告》。北京：社會科學文獻出版社。

申康達、楊光宇、辛允星，2013，〈論農村留守與非留守婦女之間“圍城心理”〉，《河北學刊》3：159–162。

江芳菁，2003，《大林糖廠與大林地區社會經濟發展 1909-1996》。臺北：師範大學歷史研究所碩士論文。

仰和芝、張德乾，2006，〈農村“留守丈夫”留守原因及生存狀態的調查分析：以安徽農村為例〉，《安徽農業科學》7：1482-1484。

朱惠足，2007，〈做為交界場域的「現代性」：往返於沖繩八重山諸島與殖民地台灣之間〉，《文化研究》5：49-86。

朱德蘭，2016，《臺灣沖繩交流史論集》。臺北：遠流出版社。

曲凱音，2010，《雲南留守女童研究》。北京：人民出版社。

杜平，2017，《男工女工：當代中國農民工的性別，家庭與遷移》。香港：香港中文大學出版社。

李明峻，2005，〈從國際法角度看琉球群島主權歸屬〉，《台灣國際研究季刊》1(2)：51-81。

國家圖書館出版品預行編目 (CIP) 資料

離 · 返 · 留 · 守：追尋一九六〇一七〇年代沖繩的臺灣女工 / 邱琡雯著 . -- 初版 . -- 臺北市：春山出版, 2020.12
面；　公分 . --（春山之聲；25）
ISBN 978-986-99492-2-4（平裝）
1. 女性勞動者 2. 移工 3. 勞動史 4. 臺灣 5. 日本沖繩縣

556.54　　109016806

春山之聲 025

離・返・留・守
——追尋一九六〇一七〇年代沖繩的臺灣女工

作者　邱琡雯
總編輯　莊瑞琳
責任編輯　夏君佩
行銷企畫　甘彩蓉
封面設計　謝佳穎
內文排版　極翔企業有限公司

出版　春山出版有限公司
地址　116 臺北市文山區羅斯福路六段 297 號 10 樓
電話　（02）2931-8171
傳真　（02）8663-8233
總經銷　時報文化出版企業股份有限公司
電話　（02）29066842
地址　桃園市龜山區萬壽路二段 351 號
製版　瑞豐電腦製版印刷股份有限公司

初版一刷　2020 年 12 月
定價　380 元

填寫本書線上回函

本著作獲南大東村商工會補助

All Voices from the Island

島嶼湧現的聲音